Herzog Anton Ulrich-Museum Braunschweig Kurzführer

Herzog Anton Ulrich-Museum Braunschweig

Herzog Anton Ulrich-Museum Braunschweig

Kurzführer

CIP–Titelaufnahme der Deutschen Bibliothek
Herzog-Anton-Ulrich-Museum Braunschweig :
Kurzführer / Herzog Anton Ulrich-Museum Braunschweig /
[Verf. der Texte: Christian von Heusinger ...]. – Braunschweig :
Herzog Anton Ulrich-Museum, 1991
ISBN 3-922279-20-1
NE: Heusinger, Christian von

Redaktion:
Jochen Luckhardt

Verfasser der Texte:

Christian von Heusinger	CvH
Sabine Jacob	SJ
Eva Jordan-Fahrbach	EJF
Hildegard Krause	HK
Jochen Luckhardt	JL
Anne Charlotte Steland	ACS
Alfred Walz	AW
Reinhold Wex	RW

Fotografien und Druckbetreuung:
Bernd-Peter Keiser

Texterfassung:
Edeltraud Höft

Herstellung:
Limbach, Druckerei und Verlagshaus, Braunschweig

Mit freundlicher Unterstützung der
Richard Borek Stiftung

Inhalt

Information

Herzog Anton Ulrich-Museum
Museumstraße 1
D-3300 Braunschweig
Öffnungszeiten:
Täglich außer montags
10 bis 17 Uhr,
mittwochs bis 20 Uhr.

Abteilung für mittelalterliche Kunst:
Burg Dankwarderode am Burgplatz
Öffnungszeiten:
Täglich außer montags
10 bis 17 Uhr.

Münzsammlung in der Burg Dankwarderode:
Benutzung gegen Voranmeldung.

Museumspädagogische Abteilung:
Adolfstraße 5. Information unter:
Tel. (05 31) 4 84 24 00/1.

Besucher des Kupferstichkabinetts werden gebeten, sich bei der Information im Foyer des Museums zu melden.
Öffnungszeiten des Studienraumes:
Dienstags bis freitags 10 bis 13 Uhr und 14 bis 16 Uhr,
mittwochs bis 18 Uhr.

Die kunstwissenschaftliche Spezialbibliothek des Museums steht allen Besuchern unentgeltlich zur Verfügung. Anmeldung bei der Information.
Öffnungszeiten:
Dienstags bis freitags 10 bis 12.30 Uhr und 13.30 bis 16.45 Uhr,
mittwochs bis 19 Uhr.

Direktion und Verwaltung:
Museumstraße 1, Tel. (05 31) 4 84 24 00/1, Fax (05 31) 4 84 24 08.
Öffnungszeiten:
Montags bis freitags 8 bis 16.30 Uhr.

Die Cafeteria ist während der Besuchszeiten geöffnet.

Wenn Sie an unserer Arbeit interessiert sind, teilen Sie uns bitte Ihre Anschrift mit, damit wir Sie zu unseren Veranstaltungen einladen können. Wir bieten Ihnen Vorträge und Konzerte und zeigen wechselnde Ausstellungen aus eigenem und fremdem Besitz.

Öffentliche Führungen finden regelmäßig statt an jedem ersten und zweiten Mittwoch des Monats um 18.30 Uhr und an jedem dritten Sonntag des Monats um 11.30 Uhr.

Tonbildprogramme werden kostenlos im AV-Studio des Museums gezeigt.

Alle Abteilungen des Museums sind geschlossen am:
Ostersonntag, 1. Mai, Pfingstsonntag, 24., 25. und 31. Dezember.

Eintritt frei

Einführung

Das Herzog Anton Ulrich-Museum zählt zu den großen Kunstmuseen in Deutschland und gilt als das bedeutendste im Land Niedersachsen. Diesen Rang verdankt es seiner historischen Stellung und seinen qualitätvollen Beständen. Das Gründungsjahr 1754 qualifiziert die Braunschweiger Sammlung zum ältesten öffentlich zugänglichen Museum Deutschlands, annähernd zeitgleich mit dem Britischen Museum in London (1753).

Grundlage für den Reichtum der Bestände war fürstliches Repräsentationsstreben. Am Beginn stand ein von Herzog Carl I. von Braunschweig begründetes Kunst- und Naturalienkabinett, das zunächst in der Burg Dankwarderode am Burgplatz, dann in einem Geschoß des Paulinerklosters am Bohlweg untergebracht war. Hier wurde unter Führung des Gelehrten Daniel von Superville älterer herzoglicher Besitz mit Neuerwerbungen vereinigt. Die an Hand der zeitgenössischen Inventare noch heute überprüfbaren Bestände um 1767 umfaßten antike Münzen und Steinarbeiten, den Restbestand der aus dem Schlosse Bevern stammenden Kunstkammer, Elfenbeinarbeiten aus dem „Grauen Hof", dem alten Braunschweiger Schloß, sowie ein Kupferstichkabinett. Daß sich die Sammlung von Anfang an regen Interesses erfreute, bezeugt das überlieferte Besucherbuch, das mit Unterbrechungen bis 1806/07 geführt wurde. Die darin enthaltenen Namenseinträge vermitteln ein lebendiges Bild des 18. Jahrhunderts. Fürstliche Durchlauchten sind gleichermaßen darin vermerkt wie Verwaltungsbeamte, Pastöre, Militärs, Diplomaten, Kaufleute, Ärzte und ein Kornschreiber; an Herkunftsorten sind Stockholm, Kurland, Wien, Petersburg, London, Malaga oder Siebenbürgen angegeben; „Hochwohlgeboren Lessing aus Leipzig" besuchte 1756 gleichermaßen das Kabinett wie 1775 der bibliophile Hildesheimer Domherr Graf Kesselstatt oder 1806 Johanna Schopenhauer.

Die Entwicklung der Sammlung wurde jäh unterbrochen, als napoleonische Truppen 1806 auch das Land Braunschweig besetzten. Wichtige Kunstgegenstände wurden in den Louvre nach Paris entführt, von wo sie erst 1815 wieder in das Paulinerkloster zurückgelangten, das zudem die ebenfalls zurückgekehrten Bestände aus dem Schloß Salzdahlum aufzunehmen hatte.

Das zwischen Braunschweig und Wolfenbüttel gelegene Schloß Salzdahlum hatte Herzog Anton Ulrich (gest. 1714) als Residenz seit 1688 errichten lassen. Dieser in allen Künsten bewanderte Fürst, dem weniger politische Bedeutung als kulturelle Wirkung beschieden war, gestaltete seinen Wohnsitz als ein viel bewundertes Gesamtkunstwerk. Ein in Holzbauweise errichtetes, stetig erweitertes Gebäude mit prunkvoller wandfester Innenausstattung, gelegen an einem ideenreich gestalteten Schloßgarten, verband sich mit den dort vereinigten Kunstgegenständen zu einem idealen Ort barocken Lebens. Anton Ulrich sammelte italienische Majolika, französische Emails und ostasiatische Lackarbeiten, vor allem aber Gemälde, die in einem eigens dafür errichteten Flügel, dem ersten deutschen Galeriebau, untergebracht waren. Das außerordentliche Niveau der von ihm zusammengetragenen Gemäldekollektion, die Werke von Rubens und Rembrandt vereinigte, ist noch an den Beständen des heutigen Museums zu beurteilen, da dessen Grundstock von jener schon bei Zeitgenossen des 18. Jahrhunderts berühmten Sammlung gebildet wird.

Anton Ulrichs Nachfolger hatten Schloß Salzdahlum und seine Bestände relativ unberührt gelassen. Herzog Carl I., Regent seit 1735, sorgte aber durch Erwerbungen für eine Vermehrung der Gemälde sowie für eine Neuhängung in der Galerie. Mit dem Gemäldeinventar des Galerieinspektors Harms 1744 setzen die systematischen Kataloge zu den Beständen ein, die jedoch schon Vorläufer in Beschreibungen des Schlosses seit 1697 besitzen.

Am Ende des 18. Jahrhunderts machte sich bereits die labile Bauweise des Schlosses bemerkbar. Als es nunmehr nach 1806 seines kostbaren Inhaltes beraubt wurde, entfiel seine Funktion vollends: seit 1811 ließ Jérome, König von Westfalen, das Schloß abbrechen.

Die im Paulinerkloster in Braunschweig 1815 vereinten Objekte litten unter einer drangvollen räumlichen Enge, aus der sie nur ein neuer Museumsbau erlösen konnte. Nach langwieriger Vorgeschichte wurde dieser erst nach 1882 erbaut. Die Konzeption dafür entwarf der Architekt Oskar Sommer in Zusammenarbeit mit dem Museumsdirektor Herman Riegel. Der 1887 eingeweihte, am Steintorwall gelegene Neubau besitzt drei Geschosse: Über einem Erdgeschoß umschließen zwei niedrigere Kabinettgeschosse die hohen Galerieräume.

Seit dem Ende des 19. Jahrhunderts ist das Museum in seinem äußeren Erscheinungsbild unverändert geblieben. Die Bestände, die es birgt, erfuhren, im Vergleich zu den Bereicherungen des 17./18. Jahrhunderts, nur bescheidenen Zuwachs. Hier sind die Sammlungen Reinike (1868), Vasel (1910) und Vieweg-Tepelmann (1944) zu nennen, die die Sammlungen um Gemälde, Graphiken und textile Spitzen ergänzt haben. Nach 1918 änderte sich die Trägerschaft für das Museum, das seit 1927 den Namen „Herzog Anton Ulrich-Museum" führt. Der Staat beteiligte sich an einer Stiftung zum Unterhalt dieser Institution und übernahm nach dem Zweiten Weltkrieg gänzlich die Verantwortung. Sie wird heute vom Land Niedersachsen wahrgenommen. Im letzten Weltkrieg sind Gebäudeschäden gering geblieben, doch erlitt das Museum Verluste bei ausgelagerten Skulpturen und bei kunsthandwerklichen Objekten. Glücklicherweise kamen die Bestände der Gemäldegalerie und des Kupferstichkabinetts geschlossen von ihren Auslagerungsorten zurück.

Die letzten Jahrzehnte haben dem Herzog Anton Ulrich-Museum durch neue Aktivitäten und durch eine Aktualisierung seiner Tätigkeitsfelder ein verändertes Gepräge gegeben. Die Burg Dankwarderode am Burgplatz konnte als Dépendance zur Unterbringung mittelalterlicher Kunstwerke gewonnen werden, gleichermaßen ein Haus in der Adolfstraße für die museumspädagogischen Aktionen. Eine gut ausgerüstete Werkstatt zur Untersuchung und Restaurierung von Gemälden belegt die hohe Funktionsfähigkeit des Museums bei Erfassung und Bewahrung seiner Bestände. Sonderausstellungen, oft auf internationalem Niveau, versuchen dem Museumsbesucher geschlossene Themenkomplexe nahe zu bringen. Zu seiner Erholung soll eine Cafeteria beitragen.

Heute ist es keineswegs Absicht des Herzog Anton Ulrich-Museums eine Exklusivität bewahren zu wollen, wie sie sich bei dem seit 1806 amtierenden Museumsdirektor Emperius zeigte, als er den Besuch des Herzoglichen Museums täglich auf 20 Personen, auswärtige Reisende ausgenommen, beschränkte. Dem

Zweck, den Museumsbesuch zu fördern und eine erste Vertrautheit mit den Sammlungen bei jedem Interessierten zu begründen, dient auch dieser bebilderte Kurzführer.

Gegliedert ist der Führer nach den einzelnen Abteilungen des Hauses, die jeweils durch eine Einleitung beschrieben werden. Auch die Restaurierungswerkstätten und die Museumspädagogik werden entsprechend vorgestellt, ebenso wie die Burg Dankwarderode mit der Kunst des Mittelalters. In den beiden Obergeschossen des Hauptgebäudes sind die Objekte nach Schulen bzw. alphabetisch nach Künstlernamen (Gemälde) sowie gemäß einem auf der Parkseite beginnenden Rundgang (Skulpturen und Kunsthandwerk) geordnet. Die Werke des Mittelalters und die des Kupferstichkabinettes folgen einer chronologischen Gliederung. Die Grundrisse auf den Innenseiten des rückwärtigen Schutzumschlages erleichtern die Orientierung im Hauptgebäude. JL

Gemäldegalerie

Die Gemäldegalerie des Herzog Anton Ulrich-Museums bietet einen Überblick über die Geschichte der europäischen Malerei von 1400 bis 1800. Als fürstliche Sammlung vereint sie eine Vielzahl sog. „kleinerer Meister“ mit den berühmten „großen Namen“. Giorgione, Palma Vecchio, Veronese, Tintoretto, Gentileschi, Cavallino und Preti stehen für die italienische Malerei der Renaissance und des Barock. Die holländische und flämische Malerei ist mit Werken von Meistern wie dem Braunschweiger Monogrammisten, Cornelisz. van Haarlem, Lucas van Leyden, Pieter Lastman, Rembrandt, Ruisdael, Jan Steen, Vermeer van Delft, Rubens, van Dyck und Jordaens vertreten. Viele der zahllosen Künstler des holländischen „Goldenen Zeitalters" der Malerei sind mit wichtigen Werken in Braunschweig zu studieren. Zahlenmäßig die bedeutendste Abteilung ist die der deutschen Malerei mit Werken von Cranach, Holbein, Elsheimer und fast allen bekannten Künstlern des 16. bis 18. Jahrhunderts (Rottenhammer, Hans von Aachen, Loth, Roos, Kupezky, Schönfeld, Agricola, Dietrich, Tischbein, Hakkert etc.). Zahlenmäßig gering, aber gewichtig sind die Werke der Franzosen Vouet, Rigaud, Largilliere, Boucher, Greuze und Liotard. Von besonderem Reiz sind die zahlreichen Künstlerselbstbildnisse. Die Bildniskunst überhaupt ist mit außerordentlichen Werken vertreten.

Ihren internationalen Rang verdankt die Braunschweiger Gemäldegalerie der Sammlungstätigkeit der Herzöge von Braunschweig-Lüneburg, besonders der Herzöge Anton Ulrich (1633-1714) und Carl I. (1713-1780).

Eine geplante Zusammenführung der Gemälde aus der Gemäldegalerie in Anton Ulrichs Schloß Salzdahlum, der ersten in einem deutschen Schloßbau (1701), und den herzoglichen Schlössern in einer öffentlichen Galerie in Braunschweig, verhinderten die Napoleonischen Kriege, die übrigens 1806 auch den Abtransport von über 250 der wertvollsten Bilder nach Paris brachten; sie konnten fast ausnahmslos 1815 zurückgeholt werden in die bescheidenen Verhältnisse des „Herzoglichen Museums" im ehemaligen Braunschweiger Paulinerkloster. Erst der 1887 errichtete Museumsneubau verhalf der Galerie wieder zu einem angemessenen Rahmen. Aber wieder waren die Kräfte des Herzogtums erschöpft, diesmal für fast ein Jahrhundert. Erst seit knapp drei Jahrzehnten sind systematische Erwerbungen, immer noch in bescheidenem Maß, im Bereich der Galerie wieder möglich. Sie dienen der Ergänzung da, wo historisch bedingte Lücken bestehen, wie z.B. in der französischen Malerei der 2. Hälfte des 18. Jahrhunderts. Künstlernamen wie Gentileschi, Preti, Rubens, Jordaens, Robert, Boucher und Greuze stehen unter den Erwerbungen eines Hauses, das unter der Trägerschaft eines Bundeslandes einem elitären Anspruch gerecht werden muß: dem einer Fürstlichen Sammlung. RW

Joachim Beuckelaer (um 1530-1573)
Wild- und Geflügelhändler
Eichenholz, 114 x 159 cm
Inv. Nr. 163

Auf den ersten Eindruck hin scheint das Gemälde eine Marktszene wiederzugeben, wie sie für das 16. Jahrhundert vorstellbar ist. Doch hat die Darbietung von Obst, Eiern und Getier durch die Marktleute noch eine Bedeutung, die über das realitätsnahe Angebot von Waren hinausgeht. Der auf den Betrachter gerichtete Blick des Mädchens veranlaßt zum Nachdenken; er gemahnt an die verderbliche Gefährdung durch Sinnenlust. JL

Braunschweiger Monogrammist
Das große Gastmahl,
2. Viertel des 16. Jahrhunderts
Eichenholz,
120,6 cm x 171,6 cm
Inv. Nr. 165

Das durch ein Monogramm signierte Bild, das ein in Antwerpen tätiger, bisher nicht mit Sicherheit identifizierter Künstler gemalt hat, schildert nicht ein historisches Geschehen, sondern ein Gleichnis mit übertragener Bedeutung. In Lukas 14 wird erzählt, wie ein reicher Hausherr, da sein Freunde nicht kamen, alle Armen, Kranken und Obdachlosen einlud, an seinem Tisch Platz zu nehmen. Dieses Ereignis findet hier vor einer imposanten Architekturkulisse und einem großzügigen Landschaftshintergrund statt. Das moralische Beispiel fordert den christlichen Beschauer auf, der Einladung Gottes an seinen Tisch Folge zu leisten, aber auch, der Mühseligen und Beladenen zu gedenken. JL

Lucas Cranach d. Ä.
(1472-1553)
Herkules bei Omphale
Rotbuchenholz,
82 x 118,9 cm
Inv. Nr. 25

Die Darstellung gehört zu den in der frühen Neuzeit beliebten Themen der „Weibermacht", die der kursächsische Hofmaler Cranach und seine Werkstatt mehrfach aufgegriffen hat. Den unbezwingbaren Helden Herkules hat die Liebe zu Omphale überwunden. Ihn umringen drei ihrer Dienerinnen, die dem antiken Halbgott eine Frauenhaube überziehen und ihm einen Spinnrocken präsentieren. Dieses Gerät wird auch von der rechts stehenden, durch einen Hut ausgezeichneten Omphale gehalten. Dem Betrachter sollte die Macht der Omphale ein warnendes Beispiel sein; auf die Gefahren der Liebe verweist auch der Spruch im Hintergrund, möglicherweise ebenso die aufgehängten Rebhühner als ein Zeichen der Wollust. JL

Frans Floris (vor 1525-1570)
Der Falkenjäger
Eichenholz, 105,5 x 86 cm
Inv. Nr. 39

Das Gemälde, das einen Mann in Halbfigur mit einem Jagdvogel auf der linken Hand wiedergibt, zählt zu den wenigen überlieferten Bildnissen des Antwerpener Malers. Lange Zeit wurde es irrtümlicherweise als Pendant eines Damenbildnisses von Floris im Museum von Caen angesehen. Diese fälschliche Annahme ist wohl aus der gleichen Herkunft beider Bilder aus der heute im Kunsthistorischen Museum Wien befindlichen Sammlung des Erzherzogs Leopold Wilhelm abgeleitet worden. Der Falkner kam 1815 aus dem Pariser Louvre nach Braunschweig. JL

Maerten van Heemskerck
(1498-1574)
Taufe Christi
Eichenholz, 78x131 cm
Inv. Nr. 161

Das in kühl verhaltener Farbigkeit ausgeführte Gemälde, dessen Figuren sich in ihren Bewegungen an der Kunst der Antike und Michelangelos orientieren, entstand in der späteren Periode von Heemskercks Schaffen zu Beginn der 1560er Jahre. Der holländische Künstler schildert das Geschehen aus dem Neuen Testament in einer breit gelagerten Landschaft und verknüpft durch Details und Nebenszene mehrere Zeitebenen miteinander. Die Predigt Johannes d. T. im Hintergrund geht in der Bibel der Taufe voran; auch die Heuschrecke und die Bienenwaben, Nahrung des Täufers in der Wüste, erinnern an Phasen seines vorherigen Lebens. Das Lamm, Zeichen der Worte des Vorläufers „Siehe das Lamm Gottes", verweist aber bereits auf den kommenden Opfertod Christi. JL

Hans Holbein d. J.
(1497/98-1543)
Bildnis des Cyriacus Kale
aus Braunschweig, 1533
Eichenholz, 59x44,1 cm
Inv. Nr. 18

Der auf den Betrachter frontal gerichtete Mann, der sein Bildfeld nahezu ausfüllt, läßt sich durch die an ihn adressierten Briefe in seiner Hand als Mitglied einer Braunschweiger Kaufmannsfamilie identifizieren. Als Attribute verstanden werden müssen auch die Inschriften zu Seiten des Kopfes, die Alter, Jahr und seinen Wahlspruch „IN ALS GEDOLTIG" nennen. Bei dem Porträt steht nicht allein die Wiedergabe des Individuums im Vordergrund, sondern ebenso das Zeugnis von der sozialen Stellung eines Kaufmanns. Holbein malte in London eine Reihe von Bildnissen hansischer Stahlhof-Kaufleute, zu denen auch das Braunschweiger Werk zählt. JL

Lucas van Leyden
(um 1489-1533)
Selbstbildnis, um 1528 (?)
Eichenholz, 28,9 x 21,4 cm
Inv. Nr. 160

Der im Büstenausschnitt wiedergegebene Künstler wendet sich zum Betrachter. Die Dominanz des Schwarz der Gewandung und des Rot des Hintergrundes läßt diese Blickausrichtung als das Wesentliche des Gemäldes erscheinen. Gleichzeitig wird damit die Physiognomie des dargestellten Gesichtes hervorgehoben, somit das Erscheinungsbild eines Mannes, der schon zu seinen Lebzeiten dank seines überragenden graphischen Werkes besonderen Ruhm genossen hat. Albrecht Dürer traf ihn 1521 in den Niederlanden und fertigte ebenfalls von ihm eine Bildniszeichnung an. JL

Ludger tom Ring d. J.
(1522-1584)
Bildnisse des Braunschweiger Patriziers Reinhard Reiners und seiner Frau Gese
Pappelholz, 84,5 x 53,3 cm
bzw. 85,8 x 58 cm
Inv. Nr. 698, 699

Die Ehepaarbildnisse Ludgers sind die frühesten Werke nach seiner Ankunft in Braunschweig 1569, seiner Heimatstadt bis zum Todesjahr 1584. Sie bilden aber auch in ihrer Gestaltung im Oeuvre des Malers eine Besonderheit, da die Porträtierten in einem Wohninterieur erscheinen, nicht wie in den späteren Gemälden vor nüchternem einfarbigen Hintergrund. Verschiedene Details tragen zur Bereicherung der Porträts bei; außergewöhnlich wirkt vor allem der Blumenstrauß in der Vase, ein Hinweis auf Ludgers Wirken als Stillebenmaler. JL

Lucas van Valckenborch
(um 1535-1597)
Landschaft mit Gesundbrunnen, 1596
Eichenholz, 26,5 x 34,7 cm
Inv. Nr. 54

Das Bild hängt eng zusammen mit einer weiteren Arbeit des Malers im Kunsthistorischen Museum Wien. Beide Gemälde zeigen die gleiche landschaftliche Situation, angeblich Bad Schwalbach unweit von Frankfurt, wo Valckenborch in seinen letzten Lebensjahren tätig war. Während sich jedoch die Personen des Braunschweiger Bildes nicht identifizieren lassen, stehen auf dem Wiener Vergleichsstück Kaiser Rudolf II. und seine Brüder, die Erzherzöge Ernst und Matthias, im Mittelgrund. Unter Berücksichtigung der Tätigkeit Valckenborchs für die kaiserliche Familie, der engen Beziehungen des Herzogs Heinrich Julius zum Kaiserhof und des frühen Nachweises jenes Gemäldes in der Salzdahlumer Sammlung, ist seine Herkunft aus dem Nachlaß dieses Braunschweiger Herzogs anzunehmen. JL

Deutsche Gemälde

Hans van Aachen (1552-1615)
Die drei Grazien
Kupfer, 32,5 x 22 cm
Inv. Nr. 1088

Die drei Grazien Aglaia (Glanz), Euphrosyne (Frohsinn) und Thaleia (blühendes Glück), Töchter des Zeus und Göttinnen des Glanzes, der Festfreude und der Anmut, verkörpern seit Seneca die drei Phasen der Freigebigkeit: Geben, Empfangen, Danken. Der 1592 von Kaiser Rudolf II. geadelte Hans von Aachen stellt die „Chariten", wie ihr griechischer Name lautet, in Anlehnung an eine berühmte hellenistische Figurengruppe in Siena in drei Ansichten, nackt einen Reigen tanzend, dar und versetzt sie unter einen Torbogen in einer blühenden Wiese, auf der Kuckucksblume, Hahnenfuß, Rotklee, Walderdbeere und Sternmiere wachsen. Die feine Kabinettmalerei, die um 1604 entstanden sein mag und in Beziehung zu einer großformatigen Ausführung des Themas von der Hand Hans von Aachens in Bukarest zu bringen ist, befindet sich nachweislich seit 1710 in der Galerie (damals Salzdahlum) und geht wahrscheinlich auf Herzog Heinrich Julius (1564-1613) zurück. RW

Adam Elsheimer (1578-1610)
Aurora
Kupfer, 17 x 22,5 cm
Inv. Nr. 550

Die um 1606 in Rom entstandene Landschaft – Anklänge an die Gegend um Tivoli sind erkennbar – wurde 1613 von Hendrick Goudt in Utrecht nachgestochen und befand sich damals wahrscheinlich in seinem Besitz. Seit 1737 ist sie in Salzdahlum nachweisbar. Auf Goudts inschriftlich bezeichneten Stich geht auch der traditionelle Bildtitel „Aurora" (Morgenröte bzw. Morgenlandschaft) zurück. Unter Übermalungen in der Schattenzone im linken Bilddrittel, die wohl von Goudt stammen, ist – so lassen neuere Untersuchungen vermuten – die Verfolgung von Acis und Galathea durch den Riesen Polyphem (Ovid, Metamorphosen 13, 750-898) verborgen. In seiner heutigen, übermalten Fassung zählt das stimmungsvolle Gemälde seit dem 17. Jahrhundert zu den berühmtesten Landschaftsbildern des deutschen Barock. Das Bild des früh verstorbenen deutsch-römischen Künstlers beeindruckte noch 1784 Goethe bei seinem Besuch in Salzdahlum; ein Reproduktionsstich, den er 1820 verschenkte, inspirierte ihn zu einem Gedicht. RW

Adam Elsheimer (1578-1610)
Pietà
Kupfer, 21,3 x 16,2 cm
Inv. Nr. 852

Das wohl zwischen 1602 und 1605 entstandene, unvollendet gebliebene Andachtsbild – eine Neuerwerbung von 1989 – zeigt Maria, die den Leichnam Christi salbt. Salbgefäß, Schwamm und die Nägel der Kreuzigung bilden auf einem Felsvorsprung links ein Passions-Stilleben, körperlose geflügelte Engelsköpfe Raffael'scher Herkunft krönen zwischen Feigenbaum, Holunder, Immergrün und Flaschenkürbis die Szene des Leidens. Das Gemälde, die einzig bekannte Pietà von der Hand des gebürtigen Frankfurters, ist wahrscheinlich identisch mit der „kleinen Pietà auf Kupfer", die nach Ausweis des nach seinem Tode aufgestellten Inventars in Elsheimers Schlafraum hing. RW

Anton Graff (1736-1813)
Bildnis der Marie Madeleine Platzmann
Leinwand, 78,8 x 65 cm
Inv. Nr. 767

Marie Madeleine Platzmann (1731-1790), Tochter des Berliner Hofjuweliers Pierre Lautier, war seit 1752 in erster Ehe mit dem Seidenfabrikanten Jean Platzmann (1720-1770) verheiratet. Das Bildnis von der Hand des bedeutendsten deutschen Porträtmalers der zweiten Hälfte des 18. Jahrhunderts zeigt Witwe Platzmann mit weißem Schleier etwa im Alter von 45 Jahren und ist um 1775 in Berlin entstanden. Von dem der zeitgenössischen englischen und französischen Malerei (vgl. Greuzes Bildnis der M. Barberie de Courteille, Inv. Nr. L 2) verpflichteten Porträt hat Graff für die drei überlebenden Kinder aus der Platzmann'schen Ehe drei noch erhaltene Repliken von gleicher Raffinesse und Lebendigkeit angefertigt. RW

Jacob Philipp Hackert
(1737-1807)
Italienische Landschaft
Leinwand, 97,7 x 135 cm
Inv. Nr. 780

Das 1793 entstandene Gemälde zeigt eine aus Motiven der römischen Campagna (Sibyllentempel in Tivoli) und dem Golf von Neapel bewußt komponierte Ideallandschaft arkadischen Friedens. Es variiert eine bereits 1776 gefundene, von Hackert über Jahrzehnte modifizierte Landschaftsform, die mit ihrem Hell-Dunkel und einer vielteiligeren, zierlicheren Komposition noch dem Spätbarock verhaftet war. Dagegen zeigt die völlige Ausgewogenheit der Bildmotive und der Farbigkeit vom warmen Ocker bis zu Stahlblau sowie die zeichnerisch-lineare Detailtreue bei völligem Fehlen realistischer Natur- und Landschaftsdarstellung mit seinem antikisch gewandeten Hirtenpaar Hackert in dem Braunschweiger Bild auf der Höhe seines Klassizismus, der ihn berühmt machte. RW

Johann Kupezky (1667-1740)
Selbstbildnis mit seinem Sohn Christian Johann Friedrich
Leinwand, 106 x 90 cm
Inv. Nr. 577

Die Braunschweiger Galerie besitzt sieben Porträts von der Hand des an Caravaggio geschulten und an den europäischen Höfen hoch geschätzten, aber eigenwilligen Porträtmalers; zwei davon sind Selbstbildnisse, eines als junger Mann, das andere als älterer Vater. Dieses aus dem Nachlaß Kupezkys stammende Bildnis zeigt den gichtgeplagten Maler sitzend zusammen mit seinem 1716 geborenen Sohn Christian Johann Friedrich († 1733), der hinter einem Spinett steht und auf ein Notenblatt mit der Notation einer (noch nicht identifizierten) Arie deutet. Nach dem Alter des nach den Aussagen des Kupezky-Biographen Füessli (1758) sehr musikalischen Sohnes zu schließen, ist das Bild zwischen 1725 und 1730 entstanden, als der Künstler sich bereits aus Wien nach Nürnberg zu seinem Freund Georg Blendinger zurückgezogen hatte. Sicherlich zurecht ist darauf hingewiesen worden, daß eine über die Darstellung persönlicher Eigenschaften (Musikalität des Sohnes, Vorliebe des Vaters für außergewöhnliche Kleidung) hinausgehende Interpretation des Verhältnisses von Malerei und Musik vorliegen dürfte. RW

Johann Karl Loth (1632-1698)
Der barmherzige Samariter
Leinwand, 135 x 170 cm
Inv. Nr. 724

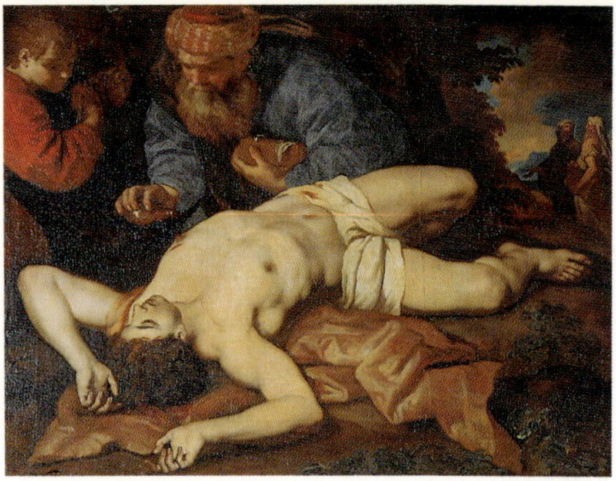

Jesus erzählt im Gleichnis vom Barmherzigen Samariter (Lukas 10.25-37) von einem Mann, der unter die Räuber fiel und halb tot an der Straße liegen blieb. Ein Priester und ein Levit, Hochgeachtete also, ziehen an ihm vorüber, ohne ihm zu helfen, wogegen der verachtete Samariter sich seiner erbarmt, die Wunden versorgt und ihn in Pflege gibt. Johann Karl Loth, ein gebürtiger Münchner, der seit 1655 in Italien arbeitete, zuerst in Rom, bald aber in Venedig sich niederließ und dort einer der wichtigsten Vertreter der venezianischen Malerei der 2. Hälfte des 17. Jahrhunderts wurde, hat in dem Verwundeten die in Venedig aufbewahrte hellenistische Skulptur eines toten Galliers zum Vorbild genommen, die er in starker Verkürzung in die Bilddiagonale bringt und gleichsam aus dem Bild herausfallen läßt, in diesem Punkt etwa vergleichbar „Kain und Abel" des um eine Generation älteren Genuesen Gioacchino Assereto (Inv. Nr. 490). Für das fast lebensgroße souverän gemalte Bild, das schon 1697, also noch zu Lebzeiten Loths, in der Salzdahlumer Galerie genannt wird und zu dem als Pendant ein (verschollener) „Joseph im Gefängnis" gehört haben soll, wird als Entstehungszeit etwa 1690 anzunehmen sein. RW

Johann Georg Platzer
(1704-1761)
Merkur und Herse
Der Wettlauf Atalantes mit Hippomenes
Kupfer, je 39 x 61,4 cm
Inv. Nr. 857 und 858

Von dem Südtiroler Maler, der vor allem den Wiener Hof und von da aus bald die europäischen Höfe mit seinen ausgefeilten, brillant und meist miniaturhaft fein gemalten Historienbildern belieferte, konnte 1990/91 ein für seine Malerei typisches Bildpaar erworben werden. Unter Aufbietung zahlreicher Assistenzfiguren und Architekturkulissen erzählt Platzer die Geschichten von der schnellen Läuferin Atalante, die nur einen Jüngling freien will, der schneller laufen kann als sie und die von Hippomenes überlistet wird, weil sie sich beim Wettlauf nach den von ihm geworfenen Äpfeln bückt, sowie von dem Götterboten Merkur, der auf seinem Flug die Töchter des attischen Königs Kekrops erblickt und sich sogleich in Herse verliebt. Aus dieser Liebesbeziehung wird dann Kephalos hervorgehen. Die farbenprächtig, reich ausstaffierten Kabinettstücke erweitern den wesentlich von Herzog Anton Ulrich gebildeten Sammlungsschwerpunkt der Historienmalerei des 17. Jahrhunderts in eine Zeit hinein, da die aufgeklärt protestantischen Braunschweiger Herzöge vornehmlich Landschaften und Porträts erwarben. RW

Johann Heinrich Roos
(1631-1685)
Selbstbildnis
Leinwand, 83 x 60 cm
Inv. Nr. 559

Das 1682 entstandene Porträt, das laut Signatur den berühmten Künstler im Alter von 50 Jahren (AETATIS SUAE 50) zeigt, gehört zu den bedeutendsten Selbstbildnissen der deutschen Barockmalerei. Die scheinbare Lässigkeit der Haartracht und des geöffneten seidenen Hausmantels, das Spitzenhemd und die goldene Halskette, die Haltung des Kopfes und das Mienenspiel demonstrieren das ausgeprägte Selbstbewußtsein des Malers und seine öffentliche Anerkennung, die es ihm erlaubt, sich in dieser aristokratischen Weise darzustellen. Die Bildnisform, durch van Dyck vorbereitet, ist darüber hinaus auch als Allegorie der Malerei interpretierbar. RW

Flämische Gemälde

Anthonis van Dyck
(1599-1641)
Lucas van Uffel
Leinwand, 108,5 x 90 cm
Inv. Nr. 125

Van Dycks in der Frühzeit stark von der Kunst seines Antwerpener Lehrers Rubens abhängiger Bildnisstil ändert sich mit seinem Italienaufenthalt (vornehmlich in Genua 1622-1627). Sein Bildnis des Antwerpener Kaufmanns, Waffenhändlers und Kunstsammlers Lucas van Uffel, der in Venedig seinen Geschäften nachging, ist sehr wahrscheinlich während des Künstlers Aufenthalt im Herbst 1622 in der Lagunenstadt entstanden und in Farbgebung, Motivik (Vorhang, Ausblick in die Landschaft) und Maltechnik der venezianischen Malerei, vor allem Tizians, verpflichtet. RW

Jacob Jordaens (1593-1678)
Hl. Familie mit der Dreifaltigkeit
Leinwand, 286 x 196 cm
Inv. Nr. 117

Das Altarblatt mit der Bekränzung des Hl. Joseph und der Dreifaltigkeit malte Jacob Jordaens um 1655-60 vermutlich für den Altar einer Josephskapelle. In einer Abendlandschaft erscheint die heilige Familie. Die Gottesmutter Maria überläßt besorgt das nackte Kind der liebevollen Führung des Nährvaters, dessen Keuschheit durch die Lilie veranschaulicht wird. Über ihnen öffnet sich der Himmel mit Gottvater, der Taube des Heiligen Geistes und Engeln, die Joseph mit Lorbeer bekrönen. Diese Ikonographie – die Entsprechung von Heiliger Familie und Dreifaltigkeit – wurde besonders von den Jesuiten gefördert. JL/ACS

Joos de Momper (1564-1635)
Vier Jahreszeiten
Eichenholz,
jede Tafel 55,5 x 97 cm.
Inv. Nr. 64-67

Die Folge der vier Jahreszeiten, einem seit dem Mittelalter beliebten und bedeutungsvollen Thema, bietet dem Antwerpener Künstler, der zu den Großen der flämischen Landschaftsmalerei zählt, Gelegenheit, den Jahreslauf in jeweils jahreszeitlich typischen Veränderungen in der Natur und den Tätigkeiten der Menschen zu erzählen. Sicherlich auf Wunsch des Auftraggebers hat er lokalisierbare Örtlichkeiten in den Spanischen Niederlanden dargestellt; neuerdings wurde die Stadt des Frühlingsbildes, vor der die Wäsche zur Bleiche ausgelegt wird, als Brüssel erkannt, Sommer- und Herbstbild zeigen einen Landsitz bei Antwerpen. Die Folge entstand in der Spätzeit des für die flämische Landschaft des 16. Jahrhunderts so wichtigen und für die des 17. Jahrhunderts so wegweisenden Künstlers, wohl um 1615 in Antwerpen. RW

Peter Paul Rubens
(1577-1640)
Judith mit dem Haupt des Holofernes
Eichenholz, 120 x 111 cm
Inv. Nr. 87

Im gleichnamigen apokryphen Buch des Alten Testaments wird die Geschichte der Judith erzählt, die sich aus der belagerten Stadt Bethulia ins assyrische Heerlager begibt und dort – mit Erfolg – um die Gunst des Feldherrn Holofernes wirbt. In der Nacht in seinem Zelt schlägt sie ihm den Kopf ab, flieht zurück in die Stadt, worauf es am nächsten Morgen den Bethuliern gelingt, die demoralisierten Assyrer, die den Kopf ihres Anführers auf der Stadtmauer sehen müssen, in die Flucht zu schlagen. Das schon im Mittelalter als Beispiel der Weiberlist bekannte Thema erfuhr im Barock eine Bedeutungsverlagerung in Richtung einer heroischen Opfertat. Rubens schildert in kaum zu überbietender Drastik den Moment, da Judith den abgehauenen Kopf – der Rumpf ist zur Seite gekippt – ihrer Magd übergibt, die ihn in einen Sack stecken wird. Das um 1616 in Antwerpen gemalte Bild, das zahlreiche, heute mit bloßem Auge sichtbare Korrekturen von Rubens' Hand aufweist, ist ganz der dramatisch realistischen Malerei Caravaggios (1573-1610) verpflichtet, die Rubens bis 1608 in Rom selber studiert und hoch geschätzt hat. RW

Peter Paul Rubens (1577-1640)
Marchese Ambrogio Spinola
Eichenholz, 117 x 85 cm
Inv. Nr. 85

Rubens porträtierte den Minister der Spanischen Niederlande und Sieger von Breda 1625 im Jahr seines Sieges; eine Wiederholung folgte 1627; eine von beiden Versionen ist das Braunschweiger Bild. Der General trägt einen mit antiken und christlichen Symbolen (Kruzifix) gezierten Prunkharnisch und die Kette des Ordens vom Goldenen Vlies, um den linken Oberarm die Feldherrnschärpe. Der Bildtyp des Dreiviertelporträts und die Attribute (Vorhang, Helm, Marschallstab, Degen, Handschuh) sind im höfischen Standesporträt dem höchsten Rang vorbehalten. Trotzdem gelingt es Rubens, der sich der Freundschaft Spinolas (1569-1630) rühmen konnte, die hohen menschlichen Qualitäten des Generals sichtbar zu machen. RW

Peter Paul Rubens
(1577-1640)
Anbetung der Hirten
Eichenholz, 32,5 x 24 cm
Inv. Nr. L 1

Pfalzgraf Wolfgang Wilhelm von Pfalz-Neuburg (1578-1653) bestellte für die Hofkirche in Neuburg/Donau drei großformatige Altarbilder: das „Jüngste Gericht", die „Ausgießung des Hl. Geistes" und eine „Anbetung der Hirten" (die drei Gemälde heute in der Alten Pinakothek München). Die Braunschweiger Ölskizze ist ein erster Entwurf für die 1620 gelieferte „Anbetung". In der flüchtig, aber höchst präzise gemalten Skizze konzentriert sich Rubens auf das Wesentliche der Szene und wählt einen engen Bildausschnitt. Das von der Werkstatt ausgeführte, fast 5 m hohe Altarbild bedurfte der Erweiterung durch Engel und Vermehrung der Figuren. RW

David Teniers d.J. (1610-1690)
Der Alchimist
Eichenholz, 50,7 x 71,2 cm
Inv. Nr. 140

Alchimistenbilder erfreuten sich im 17. Jahrhundert großer Beliebtheit. Das Braunschweiger Bild des Antwerpener Künstlers und späteren (1651) Hofmalers des Statthalters der Niederlande, Erzherzogs Leopold Wilhelm, ist noch heute eines der bekanntesten Gemälde der Galerie. Der alte Gelehrte sitzt in seinem Labor lesend am Tisch, auf dem allerlei Symbole der Wissenschaft und Welterkenntnis, auch ein leerer Geldbeutel und eine Sanduhr zu sehen sind. Gehilfen werken an den Gläsern und Phiolen, seine Frau oder Magd blickt aus einem Fenster in den Raum herab. Von der Decke hängt ein ausgestopfter Karpfen. Teniers, der in der Nachfolge Adriaen Brouwers (1605-1638), wenn auch nicht so kraftvoll, sondern höfisch gezähmt, eine Vielzahl von Genrebildern produzierte, schildert hier das abenteuerlich Geheimnisvolle einer Alchimistenküche in durchaus vergnüglicher Weise, nicht ohne auf die Vergänglichkeit der Welt und die Torheit des Gewinnstrebens hinzuweisen, wofür in der Dichtung schon seit der Mitte des 16. Jahrhunderts das Bild des Alchimisten steht. RW

Cornelis de Vos (1584-1651)
Allegorie auf die Nichtigkeit des Reichtums
Leinwand, 190 x 194 cm
Inv. Nr. 109

Pracht und Reichtum in kostbaren Stoffen, glänzendem Goldschmiedewerk, Geschmeide, teuerem Porzellan, einem Sack voller Medaillen etc. sind in diesem Bild des Antwerpener Meisters, der zeitweise mit Rubens zusammengearbeitet hat, so angehäuft, daß alles zusammenzustürzen droht. Alles wird zerplatzen und vergehen wie die Seifenblase der Kinder, auch die Menschen selber. Diese Moral des „Memento mori", des „Gedenke des Todes, der Vergänglichkeit", die in dem Gemälde, das als eine Erwerbung des fürstlichen Dichters Anton Ulrich schon seit 1697 in der Galerie nachweisbar ist und dessen Personen im 18. Jahrhundert als Familie des Rubens galt, wird von de Vos mit einer nahezu rubens'schen Kraft und Eleganz vorgetragen, so daß man die Bildintention fast darüber vergessen könnte. RW

François Boucher (1703-1770)
Die heimliche Botschaft
Leinwand, 60 x 60,5 cm
Inv. Nr. 808

Das Gemälde, das 1767 datiert ist, trug ursprünglich den Titel „Le Messager Discret", d.h. „Der diskrete Bote". Dieser sitzt in Gestalt einer blau bebänderten Taube auf dem Sockel eines Postaments, an dem ein barfüßiges Mädchen sich niedergelassen hat und den Brief liest, der offenbar des diskreten, d.h. schweigenden Boten bedarf. Die seltsame Unbestimmtheit des Gewandstoffes, dem man seine Kostbarkeit nicht ansehen soll, der Strohhut, die nackten Füße, die Rosen, die scheinbar wuchernde, aber künstliche Landschaft, das Relief der spielenden Putti verweisen auf die erotisch aufgeladene Schäferidylle, wie sie die höfische Gesellschaft der Mitte des 18. Jahrhunderts nicht nur in Frankreich liebte. RW

Jean Baptiste Greuze
(1725-1805)
Mademoiselle Madeleine
Barberie de Courteille
Leinwand, 79 x 64 cm
Inv. Nr. L 2

Aus einem Auktionskatalog von 1861 kennen wir Name und Alter (15) der hier als Blumenmädchen (oder auch als Flora) Porträtierten. Im Pariser Salon von 1759, in dem der bereits auf der Höhe seiner Kunst stehende Greuze das Bildnis ausstellte, bleibt es noch anonym ein „portrait de... - sentant une rose". In der Tat gibt u. a. die Rose den Hinweis auf die Funktion des in delikaten Farben gemalten Bildnisses. Schon im frühen 17. Jahrhundert wird der die Rose auszeichnende Duft mit der die Liebe charakterisierenden Treue verglichen. Das Bildnis war sicherlich als Brautbild in Auftrag gegeben worden. RW

Nicolas de Largillière
(1656-1746)
Jean-Baptiste Tavernier
Leinwand, 212 x 121 cm
Inv. Nr. 520

Lebensgroß dargestellt ist der für seine sechs Orientreisen berühmte Pariser Goldschmied und Handelsmann Jean-Baptiste Tavernier (1605-1689) in der ihm vom Schah geschenkten Tracht eines persischen Provinzgouverneurs. 1678/79 in Frankreich entstanden, ist das Porträt von dem gerade aus London zurückgekehrten Largillière noch ganz der Malerei seines Lehrers Sir Peter Lely (1618-1680) und, durch diesen vermittelt, der van Dycks verpflichtet. Der für den Mantel verwendete Goldgrund ist ungewöhnlich. Schon hier zeigt sich die Raffinesse in der stofflichen Wiedergabe, für die Largillière als Hofkünstler der Régence berühmt wurde (vgl. Bildnis Graf Dehn, Inv. Nr. 521). Taverniers Porträt wurde wohl mit den Email- und Majolika-Sammlungen schon von Herzog Anton Ulrich erworben. RW

Hyacinthe Rigaud (1659-1743)
Elisabeth Charlotte von Orléans, geb. Pfalzgräfin bei Rhein
Leinwand, 146 x 114 cm
Inv. Nr. 524

Rigaud, Hofmaler Ludwigs XIV. und Porträtist von großer Geste, malte 1713 das offizielle Staatsporträt der Herzogin von Orléans (1652-1722), in Deutschland bekannt als „Liselotte von der Pfalz". Eine der besten Werkstattkopien des wohl 1870 verbrannten Originals ist die Braunschweiger, die Elisabeth Charlotte 1716 Herzog August Wilhelm schenkte. Madame, so einer ihrer Titel, trägt einen mit Bourbonenlilien bestickten, hermelingefütterten Mantel. Den Witwenschleier vor die Brust gezogen, berührt die Linke die abgelegte Krone. Damit ist der politische und gesellschaftliche Rang der Herzogin verbildlicht. Ungewöhnlich bleibt, daß der Hofkünstler die übliche Idealisierung seines hochadligen Modells unterließ. Die Herzogin, die sich selber für „ein häslich Schäzchen" hielt, schrieb über Rigauds Staatsporträt an ihre Halbschwester: „der hatt mich so perfect gleich gemahlt, daß es zu verwundern ist; da werdt Ihr sehen, liebe Louise, wie alt ich geworden bin". RW

Holländische Gemälde

Jan Asselyn (um 1610-1652)
Gustav Adolf in der Schlacht bei Lützen
Eichenholz, 89,4 x 121,8 cm
Inv. Nr. 348

Asselyn zählt zu den „Italianisanten", niederländischen Künstlern, die zeitweise in Rom arbeiteten und auch nach ihrer Rückkehr südliche Genreszenen und Landschaften malten. Vor seiner Romreise (ca. 1636-1641/44) malte er vorwiegend Reiter- und Schlachtenszenen im Stil seines Lehrers Jan Martszen de Jonge. Die Heldenverehrung für den bis heute legendären Schwedenkönig Gustav II. Adolf (1594-1632), der im Kampf gegen Wallenstein am 6. November 1632 vor Lützen fiel, schuf Bedarf an Erinnerungsstücken, den Maler wie Asselyn befriedigten. Das 1634 datierte Frühwerk (eine zweite Version in Kopenhagen) nimmt zugunsten des Schlachtengetümmels auf anatomische und perspektivische Zwänge nur bedingt Rücksicht. Der König ist im Mittelgrund, mit Lederwams, Hut, blaugrüner Schärpe und gezogenem Säbel nach rechts reitend dargestellt. RW

Cornelis Cornelisz. van Haarlem (1562-1638)
Demokrit und Heraklit
Leinwand, 91,8 x 71 cm
Inv. Nr. 169

Schon die Spätantike kannte die Reduktion der Lehren von Heraklit (um 500 v. Chr.) und Demokrit (um 460 v. Chr.) auf das Gegensatzpaar von Trauer und Heiterkeit im Angesicht der Welt. Seit der Renaissance wurde Heraklit zum Inbegriff des über die Welt „weinenden" Philosophen, der oft mit dem über die Welt „lachenden" Demokrit dargestellt wurde. Cornelisz., mit Hendrick Goltzius und Karel van Mander Hauptvertreter des „Haarlemer Manierismus" und eines höchst gelehrten Klassizismus, rückt in dem 1613 datierten Halbfigurenbild den lachenden Demokrit in den Vordergrund, dahinter sinniert melancholisch Heraklit. Trotz seiner roten Narrenkappe ist sicher zurecht auf christologische Anspielungen in Demokrits Erscheinung hingewiesen worden. Die Glaskugel mit dem schief stehenden Kreuz, seit dem 16. Jahrhundert Symbol der „verkehrten Welt", verweist auch auf die Kugel mit dem aufrechten Kreuz als dem Symbol der christlichen Welt. RW

Gerard Dou (1613-1675)
Selbstbildnis
Eichenholz, oval,
27 x 23 cm
Inv. Nr. 303

Der vornehme Herr in Mantel, Hut und Handschuhen, der hier mit ernster Miene sich selbst und ein Familienbild dem Betrachter präsentiert, ist der Leidener Maler Gerard Dou. Die Dargestellten des „Bildes im Bilde" werden mit Dous Eltern und seinem Bruder Jan identifiziert, die, so legt es die Bildtradition nahe, sich bei der Bibellektüre befinden. Der gelernte Glasmaler und Schüler Rembrandts in seiner Leidener Zeit hat hier wahrscheinlich ein Gedächtnisbild auf seine Eltern gemalt. Es ist stilistisch und vom Alter des Künstlers her in die fünfziger Jahre des 17. Jahrhunderts zu datieren und ein glänzendes Beispiel seiner an Rembrandts Frühzeit orientierten Feinmalerei. RW

Govert Flinck (1615-1660)
Saskia als Schäferin
Leinwand, 74 x 63 cm
Inv. Nr. 252

Der in Cleve geborene Flinck lernte die Malerei bei Lambert Jacobsz. in Leeuwarden und war um 1632/35 Schüler Rembrandts in Amsterdam. Dort wurde er bald mit seiner an Rembrandt orientierten, aber gefälligeren Malerei zum führenden Modemaler. Sein Braunschweiger Bildnis, das seit dem 19. Jahrhundert und nicht zweifelsfrei mit Rembrandts erster Frau, Saskia van Uylenburgh, identifiziert wird, hat ein Pendant in Flincks flötespielendem Schäfer (bis 1808 in Salzdahlum, heute Rijksmuseum Amsterdam). Rembrandt selber hat 1634 und 1635, also unmittelbar vor Flincks 1636 datiertem Gemälde, Saskia als „Flora" gemalt. Der Typus des vieldeutigen Schäferbildes geht zurück auf die Malerei der Utrechter Caravaggisten (Honthorst, Ter Brugghen). In der Handhaltung und dem Aufbauschen des Kleides über dem Bauch sind noch altniederländische Marienvorbilder zu sehen, vermittelt durch Rembrandts Frauengestalten. RW

Jan van Goyen (1596-1656)
Dünenlandschaft
Eichenholz, 39,5 x 62,7 cm
Inv. Nr. 340

Nach anfänglichen flämisch beeinflußten, von seinem Lehrer Esaias van de Velde herkommenden Landschaften, die reich und bunt bevölkert sind, wandte sich van Goyen einer tonigen Malerei zu, wie sie z.B. von Pieter de Molyn und Salomon van Ruysdael in Haarlem in den zwanziger Jahren des 17. Jahrhunderts entwickelt wurde. Die unspektakuläre Szene – eine Ziegenherde mit Hirten lagert an einer Düne vor einem verrotteten Zaun – ist in einem grüngrauen Grundton gehalten, der in den Lichtern von einem kräftigen Gelb durchbrochen wird. In einer raffinierten Verbindung farblicher Akzentuierung, niedrigem Horizont, in der Diagonale ansteigendem Hang und leichter Bodenerhebung mit der Rückansicht einer Ziege im Vordergrund, erreicht van Goyen einen großartigen Raumeindruck. Dieses Schema wurde von Pieter de Molyn entwickelt und von van Goyen Ende der zwanziger Jahre in sein Repertoire aufgenommen und weiterentwickelt. Das Braunschweiger Bild ist 1631 entstanden. RW

Gerrit van Honthorst
(1590-1656)
Der Soldat und das Mädchen
Leinwand, 82,6 x 66 cm
Inv. Nr. 178

Ein Mädchen bläst in die glühende Kohle, die es in einer Zange hält, um daran eine Kerze zu entzünden, derweil ihm ein Soldat an die entblößte Brust faßt. Ist die Geste des Soldaten schon eindeutig genug, so wird das Thema der verderblichen wollüstigen Liebe durch die Attribute der glühenden Kohle und der Kerze noch einmal symbolisch erläutert. Der Utrechter Honthorst, der von 1610-1620 in Italien als „Gherardo della notte" bekannt und dann als einer der Hauptmeister der „Utrechter Caravaggisten" weit über Holland hinaus berühmt wurde, treibt unter der Moral der Verwerflichkeit solcher Liebe, mit an Caravaggio (1573-1610) geschulten, malerisch komplizierten Lichteffekten, die Anstößigkeiten noch besonders hervor. RW

Pieter Lastman (1583-1633)
David im Tempel
Eichenholz, 79 x 117 cm
Inv. Nr. 208

Lastman macht mit der Darstellung eines alttestamentlichen Brandopfers (vermutlich 2. Samuel 6, 7) die Kirchenmusik des 17. Jahrhunderts in zeittypischer Besetzung zum Thema. Der in Hermelin gekleidete König David, der als Dichter, Sänger und Reformer des jüdischen Tempeldienstes verehrt wurde, spielt die Harfe, begleitet von Sängern, von Violine, Schellentrommel, Posaune, Pommer und Streichbaß. Laute und Orgel, vielleicht die Chororgel der Oude Kerk in Amsterdam, können noch zum Einsatz kommen. Im Unterschied zu seinem Schüler Rembrandt war Lastman noch nach Italien gereist und dort von Caravaggio und Elsheimer beeinflußt worden (vgl. das 1609 datierte „Odysseus und Nausikaa", Inv. Nr. 210). Noch „David im Tempel" ist mit seinen Figuren, den Lichteffekten und den brillant gemalten Stillebenelementen ein Reflex der Elsheimerschen Kunst. In der italianisierenden Signatur „Pietro Lastman fecit Anno 1618" betont der holländische Maler seine römische Ausbildung. RW

Jan Lievens (1607-1674)
Das Opfer Abrahams
Leinwand, 180 x 136 cm
Inv. Nr. 242

Lievens schildert nicht die dramatische Aktion (1. Mose 22, 1-13), da Abraham seinen Sohn abschlachten will und ihm der Engel in den Arm fällt, sondern er zeigt den Moment der Erschütterung in der Umarmung von Vater und Sohn, die vor Gott in die Knie gesunken sind, und schafft damit ein evangelisches Andachtsbild. Schon 1642 rühmte der Leidener Maler Philips Angel (ca. 1618-ca. 1664) diese Themen-Wahl und wies auf die literarische Quelle dieser Szene in den „Jüdischen Altertümern" des Flavius Josephus (1,13) hin. Das Gemälde, das deutlich flämischen Einfluß, besonders van Dycks, zeigt und in der Farbigkeit der venezianischen Malerei bis zu Tizian verpflichtet ist, entstand in Lievens Antwerpener Zeit (1635-1644) und ist um 1638 zu datieren. RW

Pieter de Molyn (1595-1661)
Dünenlandschaft mit Baumgruppe und Wagen
Eichenholz, 26 x 36 cm
Inv. Nr. 338

Pieter de Molyn schildert einen gewöhnlichen Fahrweg entlang einer Düne, auf der eine große Eiche Wurzeln geschlagen hat. Ein Pferdefuhrwerk müht sich über die leichte Steigung der Straße. Diese unebene, eine Geländekuppe überwindende und in warmes Licht getauchte Straße beherrscht den Vordergrund und ist zusammen mit dem Baum im Hintergrund das Thema des Bildes. Pieter de Molyn ist mit Jan van Goyen und Salomon van Ruysdael einer der Hauptvertreter der sogenannten tonigen Landschaftsmalerei, die vor allem die Kunst Haarlems in den zwanziger und dreißiger Jahren des 17. Jahrhunderts kennzeichnet und für die Landschaftsmalerei nicht nur Hollands von höchster Bedeutung wurde. Das Braunschweiger Bild wurde sogar als ein Markstein holländischer Landschaftsmalerei überhaupt bezeichnet (Stechow). Es ist signiert und 1626 datiert. Damit gehört es zu den frühesten Beispielen einer wirklichkeitsbezogenen, von jeder spektakulären Aktion freien Landschaftsdarstellung in der holländischen Malerei. RW

Paulus Moreelse (1571-1638)
Herzog Christian d.J. von Braunschweig Lüneburg
Leinwand, 126,3 x 87,7 cm
Inv. Nr. 649

Christian d.J. (1599-1626), der „tolle Halberstädter", war 1616-1623 Administrator von Halberstadt, Heerführer mehrerer Fürsten. Der Utrechter Moreelse, der ein ähnliches Feldherrnbildnis bereits 1612 für Christians Schwager, Ernst Casimir von Nassau-Dietz, gemalt hatte, porträtierte 1619 den gerade in oranischen Diensten stehenden im Halbharnisch mit heruntergezogener Gürtung und „Gansbauch". Die Offiziersschärpe um die Brust geschlungen, ein aus Haar geflochtenes Gehänge im linken Ohr, hält er in der Rechten eine Radschloßpistole modernster niederländischer Bauart, während er seine „eiserne Faust", die er seit dem Verlust seiner Linken trug (ein Fragment dieser Faust im Museum), auf den Tisch mit Helm und Handschuh stützt. RW

Aert van der Neer
(1603?-1677)
Winterlandschaft
Leinwand, 97 x 128 cm
Inv. Nr. 360

Der Amsterdamer Künstler bevorzugte atmosphärisch behandelte Mondscheinlandschaften, Sonnenuntergänge und Winterbilder. Er experimentierte mit der Darstellung tageszeitlicher und klimatischer Grenzsituationen. Die Braunschweiger Winterlandschaft, eine Kombination von Tageszeiten- und Jahreszeitenbild, zeigt ein zugefrorenes Gewässer in einer Ortschaft, auf dem Schlittschuhläufer und Spaziergänger, auch ein Pferdefuhrwerk, unterwegs sind. Die Sonne steht kurz vor dem Untergehen und taucht die ganze eisstarrende Szenerie in ein rotgoldenes Licht. Das Braunschweiger Winterbild ist ein Meisterwerk in seiner Detailfreude und in der Wiedergabe der Atmosphäre eines winterlichen Sonnenuntergangs. RW

Rembrandt Harmensz. van Rijn
(1606-1669)
Gewitterlandschaft
Eichenholz; 52 x 72 cm
Inv. Nr. 236

Rembrandt kam erst relativ spät zur Landschaft und hat auch nicht sehr viele Bilder hinterlassen. Die Gewitterlandschaft bildet gewissermaßen eine Synthese von flämisch-phantastischen Landschaftselementen und der holländischen tonigen Malerei, etwa seines Freundes Hercules Seghers (um 1589-1638). Im Unterschied aber zu Seghers und zur gleichzeitigen holländischen Landschaftsmalerei werden hier Licht, Himmel und Landschaft zu einem dramatischen Bewegungssystem vereinheitlicht, das Rembrandts Landschaftsmalerei der dreißiger Jahre kennzeichnet und ihn auch in diesem Genre heraushebt. Das Gemälde steht der „Gewitterlandschaft mit dem barmherzigen Samariter“ (Krakau) nahe, das 1638 datiert ist und wird ebenfalls um 1638/40 einzuordnen sein. Hat Rembrandt in dem Krakauer Bild das bedrohliche Naturereignis mit dem Gleichnis der Nächstenliebe zu einem Historienbild aufgewertet, so sind auf dem Braunschweiger Bild Figuren nur schemenhaft und ein Handlungszusammenhang nicht zu erkennen. Ein Gewitter erleuchtet bizarr eine Stadt auf einem Hochplateau, das seinen Abschluß zur im Vordergrund und nach rechts verlaufenden Niederung in einer turmbekrönten, einen Wasserfall überquerenden Brücke findet. RW

Rembrandt Harmensz. van Rijn
(1606-1669)
Christus und Magdalena
Leinwand, 65 x 79 cm
Inv. Nr. 235

Am Ostermorgen erscheint der Auferstandene der von seinem leeren Grab kommenden Maria Magdalena. Sie hält ihn zuerst für einen Gärtner, erkennt ihn aber bald und will ihn berühren, worauf sie zurückgewiesen wird: „Rühre mich nicht an, denn ich bin noch nicht aufgefahren zu meinem Vater“ (lat.: „Noli me tangere“). Rembrandt schildert die Szene im Garten zu fast noch nächtlicher Stunde, der Tag erwacht gerade. In einer ersten Fassung dieses Themas von 1638 (London) hatte er den Moment des Erschreckens vor dem Herrn gewählt, in seiner 1651 datierten Braunschweiger Fassung mildert er die Dramatik zum Akt des Erkennens. „Noli me tangere“ wird durch die Körperhaltung, vor allem aber durch die Wirkungen des Lichtes und der Schatten unmittelbar einleuchtend. Nach Aussage des Rembrandtfreundes Jeremias de Decker, der diesem Bild und seiner Lichtsymbolik (das Licht siegt über die Finsternis und damit der Glaube über den Tod) ein Gedicht gewidmet hat, schuf Rembrandt dieses Bild für seinen ebenfalls literarisch ambitionierten Freund H. F. Waterloos, der „ziekentrooster“ (Krankentröster) war. RW

Rembrandt Harmensz. van Rijn
(1606-1669)
Familienbild
Leinwand, 126 x 167 cm
Inv. Nr. 238

Rembrandts Familienbild, seit 1737 in der Galerie nachweisbar, ist vielleicht das berühmteste Gemälde der Braunschweiger Galerie, allerdings erst seit dem 20. Jahrhundert. Es formuliert in den Körperhaltungen und Blickkontakten der Erwachsenen und Kinder, dem hier aufgebauten intimen Beziehungsgeflecht, ein höchst modernes Verständnis von Familie, weit revolutionärer als das von Cornelis de Vos (1584?-1651) in seinem altertümelnden Familienbild (Inv. Nr. 206) und selbst als es von Rubens in seiner „Geißblattlaube" in der Münchner Alten Pinakothek geleistet wird, das als das bürgerliche Ehebild schlechthin gelten kann. Übrigens ist auch Rembrandts Familie in einer Laube oder vor einer Gartenhecke dargestellt, sie ist heute mit dem bloßen Auge kaum mehr sichtbar. Die teilweise plastisch und in Spachteltechnik aufgetragene Farbe kommt dem Malereiverständnis des 20. Jahrhunderts wesensverwandt vor. Rembrandts Bild, dessen Dargestellte noch unbekannt sind, dessen Frau aber auch in der wohl gleichzeitig entstandenen „Judenbraut" in Amsterdam porträtiert ist, gehört dem Spätwerk an, das viele Zeitgenossen nicht mehr verstehen konnten oder wollten. Es ist um 1668 zu datieren und höchst wahrscheinlich eine Erwerbung Herzog Anton Ulrichs. RW

Jacob Isaacksz. van Ruisdael
(1628/29-1682)
Wasserfall mit Wachtturm
Leinwand,100 x 86 cm
Inv. Nr. 378

Ein breiter, über zwei Felsenstufen und entwurzelte Bäume schäumender Wasserfall stürzt gleichsam aus dem Bild heraus auf den Betrachter. Die Untersicht, in der die Landschaft gegeben wird, verstärkt diesen Eindruck noch. Auf einem unterhöhlten Felsen steht eine Burg mit herausragendem Turm. Das Bild ist eine in den sechziger Jahren des 17. Jahrhunderts entstandene Variante einer Reihe von Wasserfällen (ein weiterer „Wasserfall mit Bergschloß", Inv. Nr. 377 im Museum), die sämtlich nicht lokalisierbar, sondern bewußt komponiert, ja gebaut sind, oft unter Verwendung gleicher, real existierender Versatzstücke. Ruisdaels Landschaften und besonders seine Wasserfälle erlauben durchaus eine allegorische Interpretation. RW

Pieter Jansz. Saenredam
(1597-1665)
Innenansicht der abgebrochenen Marienkirche in Utrecht
Eichenholz, 69,7 x 105 cm
Inv. Nr. 424

Das signierte und 1638 datierte Gemälde zeigt den Blick aus dem südlichen Seitenschiff in das Mittelschiff der 1810 abgebrochenen Marienkirche in Utrecht. Auf der erhaltenen Konstruktionszeichnung, die er exakt auf die Braunschweiger Tafel durchgepaust hat, notierte Saenredam sogar das Datum der Fertigstellung seines Gemäldes: 20. April 1638. Saenredam, der Hauptmeister des niederländischen Architekturbildes, der auf Kircheninterieurs spezialisiert war, hat für die Figuren wahrscheinlich den als Landschaften- und Schlachtenmaler bekannten Pieter Post (1608-1669) herangezogen. Das Bild, das in seiner für Saenredam typischen strengen Konstruktion und delikaten Farbigkeit sehr nüchtern und objektiv wirkt, erlaubt u.a. wegen der Darstellung der Orgel und des Stieres an der rechten Säule mit ausführlicher Inschrift, welche von den drei Kirchenbesuchern gelesen wird, eine vielschichtige Interpretation. RW

Jan Steen (1626-1679)
Die Hochzeit des Tobias
Leinwand, 131 x 172 cm
Inv. Nr. 313

Das Gemälde, das sich seit 1710 in Salzdahlum nachweisen läßt und sich vorher im Besitz des Malers und Kunstschriftstellers Arnold Houbraken (1660-1719) befand, der den Verkauf an Herzog Anton Ulrich bezeugt, schildert den Abschluß des Ehevertrages von Tobias und Sara (Apokryphen, Tobias 7, 11-17). Tobias hält auf Anraten des ihn begleitenden Erzengels Raphael (im Bild der blonde Jüngling hinter dem Paar) um die Hand Saras an, deren sieben Ehemänner alle in der Hochzeitsnacht durch Wirkung eines bösen Geistes starben. Dank der Hilfe des Engels verfügt Tobias aber über ein Gegenmittel gegen den Geist, auch wenn er in Steens Schilderung nicht davon überzeugt zu sein scheint. Die Szenerie, welche Gesten, Kostüme und Bühnenbild der Commedia dell'Arte und der holländischen Rhetoriker-Gilden reflektiert, steckt voller mehr oder weniger gelehrter Anspielungen. Das Bild, ein Hauptwerk aus Steens Haarlemer Zeit, dürfte um 1667/68 gemalt worden sein. RW

Jan Vermeer van Delft
(1632-1675)
Mädchen mit dem Weinglas
Leinwand, 78 x 67 cm
Inv. Nr. 316

Die älteren Bildtitel „La coquette" oder „Lustige Gesellschaft" bezeichnen das Geschehen treffender als der heutige, seit etwa 1860 eingeführte. Die Moral des Bildes wird für den Betrachter in der Wappenscheibe des halb geöffneten Fensters deutlich, von der sich die drei Personen abwenden: sie zeigt in der weiblichen Person mit dem Zügel das Sinnbild der Temperantia und fordert damit die Einhaltung des rechten Maßes. Das Bild setzt den Einfluß der Feinmalerei Frans van Mieris' d.Ä. (1635-1681) voraus, der etwa seit 1660 im Werk Vermeers zu beobachten ist, und wird deshalb um 1662 datiert. Es treibt in seiner Atmosphäre und Farbigkeit die Delfter, mit der Wiedergabe von Licht und Schatten experimentierenden Malerei zu einem Höhepunkt. Herzog Anton Ulrich hat es um 1696 erworben, zu einer Zeit, da der Rang dieses nach Rembrandt sicherlich bedeutendsten holländischen Malers noch nicht im allgemeinen Bewußtsein war. RW

Joachim Anthonisz. Wtewael
(1566-1638)
Die Hochzeit von Peleus und Thetis
Kupfer, 31,1 x 41,9 cm
Inv. Nr. 174

Das 1602 datierte, mit mehr als 100 Figuren gefüllte Bild des Utrechter Manieristen schildert in zahlreichen Einzelszenen das von Catull (carmina docta LXIV) beschriebene Hochzeitsfest von Peleus und Thetis. Sie hatten alle Götter zum Fest geladen mit Ausnahme von Eris, der Zwietracht. Diese warf aus Rache einen goldenen Apfel mit der Aufschrift „Der Schönsten" unter die Gäste. Der darauf zwischen Juno, Minerva und Venus ausbrechende Streit wurde von Paris zugunsten von Venus entschieden und somit zum Anlaß für den Trojanischen Krieg. Mit Bildern dieser Art huldigte Wtewael nicht nur seiner Feinmalerei und der manieristischen Fülle („Horror vacui") und Vorliebe für überlängte und geschraubte Figurationen („Figura serpentinata"), sondern suchte gerade mit dem von ihm bevorzugten Thema der Hochzeit von Peleus und Thetis wenigstens bildlich die Erinnerung an das „Goldene Zeitalter", das durch die Zwietracht beendet wurde, wach zu halten. RW

Moses van Wttenbroeck
(um 1590/1600-um 1647)
Der Triumphzug des Bacchus
Leinwand, 125 x 206 cm
Inv. Nr. 216

Bacchus (Dionysos), der aus Phrygien stammende Gott der Fruchtbarkeit und des Weines, Sohn des Zeus und der Semele, unter grausamen Vorzeichen geboren, zieht mit seinem Gefolge von Mänaden und Bacchanten bis nach Indien, um sich die Menschen zu unterwerfen und sie den Weinbau zu lehren. Wttenbroeck, der nach einem vermutlichen Italienaufenthalt in Den Haag wirkte, folgt in seiner 1627 datierten Darstellung den Metamorphosen des Ovid (IV, 20 ff.). Er, der eine weitere Fassung des Bildes (heute in Kassel) gemalt hat und sich wesentlich an einem „Triumphzug Silens" von Maerten van Heemskerck (heute in Wien) von 1536/37 orientierte, läßt seine derben, dem antiken Schönheitsideal gänzlich widersprechenden Trunkenbolde durch eine mit antiken Ruinen staffierte südlich heitere Landschaft toben. Die körperliche und sinnliche Derbheit, die in Figuren wie dem eselreitenden Silen und dem den Bock besteigenden Putto auch apotropäischen Charakter annimmt – schließlich ist das bacchantische Treiben in den Moralvorstellungen der Zeit verwerflich! –, wird konterkariert durch die südlich antike Landschaft und vor allem die antiken Götterfiguren entlehnte Gestalt des in seinem Pantherwagen scheinbar unbeteiligt ruhenden Bacchus. RW

Italienische Gemälde

Pompeo Batoni (1708-1787)
Herzog Karl Wilhelm Ferdinand, Erbprinz zu Braunschweig und Lüneburg
Leinwand, 137 x 99 cm
Inv. Nr. 676

Das Bildnis entstand in Rom, als der Erbprinz (1735-1806) während eines mehrmonatigen Aufenthaltes auf seiner Kavalierstour in Begleitung Winckelmanns die Stadt und ihre Monumente studierte. Auf das Interesse des Prinzen an der Antike weisen die Vasen, von denen zumindest zwei erhalten sind. Sie befanden sich damals im Besitz des mit Winckelmann befreundeten Malers Anton Raphael Mengs. Der Maler des Bildnisses, Pompeo Batoni, zählte zu den hervorragendsten Malern seiner Zeit in Rom. SJ

Orazio Borgianni (1578-1616)
Christus am Ölberg
Leinwand, 100 x 123 cm
Inv. Nr. 475

Eine nächtliche Szene in einem waldigen Gelände. Zwischen Felsen, auf einem von himmlischem Licht beleuchteten Plateau im Mittelgrund kniet Christus, gehalten von einem Engel. Im Vordergrund, im Halbdunkel, in starker Verkürzung, die schlafenden Jünger. Rechts im Hintergrund nahen mit Fackeln die Häscher. Borgianni ist einer der künstlerisch unabhängigsten und interessantesten Maler in Rom im frühen 17. Jahrhundert, der in seinem Stil Elemente der Kunst Caravaggios mit solchen oberitalienischer Herkunft verband. SJ

Valerio Castello (1625-1659)
Die Geburt Christi
Leinwand, 173 x 213 cm
Inv. Nr. 506

Die Geburt Christi, mit Maria, Joseph und den Hirten, die das neugeborene, auf Stroh liegende Kind verehren, gehört zu den bevorzugten Themen des Genueser Malers Valerio Castello, dessen Stil durch Einflüsse der venezianischen Malerei sowie des zeitweise in Genua tätigen Flamen van Dyck geprägt wurde. Aus dem in dunklen Farben gehaltenen Bild leuchten hell, wie von einem übernatürlichen Licht getroffen, das Christuskind und das schöne, andachtsvolle Gesicht der Mutter Gottes hervor. Ein zerbrochenes antikes Kapitell sowie eine Säule im Hintergrund versetzen das dargestellte Ereignis in räumliche und zeitliche Ferne. SJ

Bernardo Cavallino
(1616-1656)
Die Auffindung des Moses
Leinwand, 102 x 127 cm
Inv. Nr. 516

Das gleiche Thema wie Lanfrancos Bild im Museum stellt der Neapolitaner Maler Bernardo Cavallino in einem wenige Jahre später entstandenen Gemälde dar. Hier sind die Figuren reich gekleidet, von einer preziösen Eleganz in ihren Bewegungen, ihre Anordnung hat etwas Bühnenhaftes. Von größter Raffinesse ist die Farbigkeit des Bildes. SJ

Orazio Gentileschi
(1563-1639)
Dornenkrönung
Leinwand, 148 x 241 cm
Inv. Nr. 805

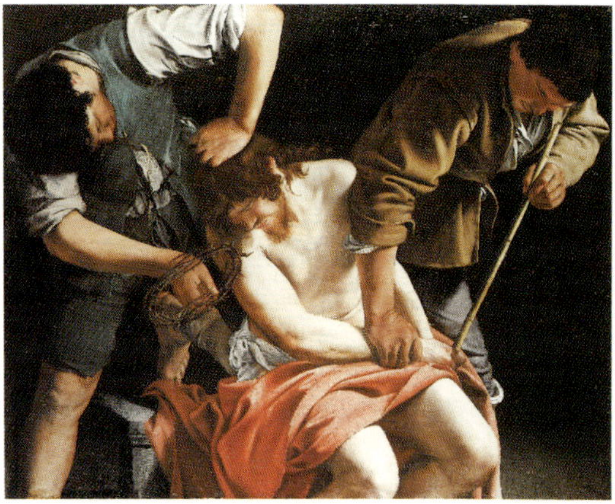

Christus wird brutal gepackt von zwei Schergen. Scharfes seitliches Licht fällt auf die Gruppe und verleiht den Figuren greifbare Plastizität. Das Bild zeigt den Einfluß Caravaggios (1573-1610), dessen Kunst zu Beginn des 17. Jahrhunderts durch ihren neuen Realismus und die besondere Rolle des Lichtes eine neue Epoche in der europäischen Malerei einleitete. SJ

Giorgio da Castelfranco, gen. Giorgione (1477?-1510)
Selbstbildnis
Leinwand, 52 x 43 cm
Inv. Nr. 454

Das Selbstbildnis Giorgiones, das zu den bedeutendsten Künstlerbildnissen der Renaissance gehört, ist nicht in seinem ursprünglichen Zustand erhalten, sondern wurde, bevor es in die Herzogliche Galerie Salzdahlum gelangte, seitlich und unten beschnitten. Wie wir aus einer Beschreibung Vasaris und einem Stich Wenzel Hollars von 1650 wissen, hatte Giorgione sich hier als Sieger über Goliath dargestellt, dessen abgeschlagenes Haupt vor ihm auf einer Brüstung lag. Die Gleichsetzung mit dem jugendlichen Helden des Alten Testaments, der durch seinen Mut und seine Geschicklichkeit den Riesen Goliath bezwang und hierdurch sein Volk aus großer Gefahr errettete, bezeugt das hohe Selbstbewußtsein dieses jungen venezianischen Künstlers aus dem Beginn der Renaissance. SJ

Giovanni Lanfranco
(1582-1647)
Die Auffindung des Moses
Leinwand, 165 x 203 cm
Inv. Nr. 705

Die alttestamentarische Szene von der Auffindung des im Wasser ausgesetzten Mosesknaben durch die Tochter des Pharao ist in diesem Bilde Lanfrancos im Stile einer ländlichen Idylle dargestellt. Von tänzerischer Anmut sind die Bewegungen der einfach gekleideten jungen Frauen, die den ans Ufer getriebenen kleinen Kahn mit dem Knaben entdeckt haben und aus dem Wasser heben. In der Mitte, durch ihre Ruhe und vornehme Haltung herausgehoben, die Tochter des Pharao, unter dem Baume mit entblößter Brust, unerkannt als Amme, die Mutter des Kindes. Das Bild, eines der wenigen Kabinettbilder des Malers, der vorwiegend Fresken in Kirchen und Palästen malte, entstand vermutlich während seines Aufenthaltes in Neapel, wo er von 1632 bis 1646 tätig war. SJ

Bartolomeo Manfredi
(1582-1622)
Die Verleugnung Petri
Leinwand, 166 x 232 cm
Inv. Nr. 495

In einem dunklen Raum, in den ein grelles Licht fällt, sitzen Soldaten beim Würfelspiel an einem Tisch. Eine junge Frau berührt einen von ihnen an der Schulter und weist auf den hinter ihr stehenden Mann – Petrus – als einen der Jünger Christi. Man erkennt die abwehrende Geste, mit der Petrus seine Verbindung zu Jesus leugnet. Deutlich ist hier der Rückgriff auf die „Berufung des Matthäus“ in S. Luigi dei Francesi von Caravaggio, zu dessen wichtigsten Nachfolgern in Rom Manfredi gehörte. SJ

Pier Francesco Mola
(1612-1666/68)
Bacchus und Ariadne
Leinwand, 114,4 x 86,4 cm
Inv. Nr. 477

Nicht, wie sonst üblich, als eine heroische Szene, sondern als eine zarte Schäferidylle stellt Mola die Begegnung der von Theseus auf Naxos verlassenen Ariadne mit Bacchus dar, der sie als seine Frau in den Olymp führen wird. Die enge Beziehung der beiden Gestalten zueinander wird durch Komposition und Lichtführung sichtbar gemacht, die Einbettung der Gruppe in die Landschaft, in der einige ferne antikisierende Bauten an menschliche Geschichte und Vergangenheit erinnern, verleiht der Darstellung ihre besondere Poesie. Das Bild gehört zu den reizvollsten Werken des aus Oberitalien stammenden, vorwiegend in Rom tätigen Künstlers. SJ

Jacopo d'Antonio Negreti, gen. Palma Vecchio
(um 1480-1520)
Adam und Eva
Leinwand, 202 x 152 cm
Inv. Nr. 453

Das Bild gibt eine ideale Darstellung des ersten Menschenpaares in gelöster Haltung und in klassischen Proportionen, die die Kenntnis antiker Skulpturen erkennen lassen. Das Thema bot den Künstlern der Renaissance den willkommenen Anlaß zu Studien des menschlichen Körpers. In der Wiedergabe der beiden Figuren ist das Bild dem 1504 entstandenen Kupferstich Dürers verwandt, den Palma zweifellos gekannt haben wird. Die weiche Modellierung der Körper und die verhaltene Stimmung zeigen dagegen die Nähe zu Giorgiones Kunst, als dessen Werk das Gemälde bei seiner Erwerbung im Jahre 1767 galt. SJ

Mattia Preti (1613-1699)
Der Tod der Dido
Leinwand, 204 x 177 cm
Inv. Nr. L 5

Wie Vergil in der Aeneis berichtet, wurde Dido, die Königin von Karthago, die Geliebte des Aeneas, als dieser auf seiner Irrfahrt nach dem Fall Trojas in Afrika anlegte. Als Aeneas später Karthago verließ, um seine Fahrt fortzusetzen, die ihn schließlich nach Rom führen sollte, ließ Dido einen Scheiterhaufen errichten, um alle Erinnerungen an ihren Geliebten zu verbrennen, und gab sich selbst durch das Schwert des Aeneas den Tod. Das Gemälde ist ein charakteristisches Werk des hauptsächlich in Neapel und Malta tätigen Künstlers, das die von Caravaggio übernommene lebensnahe Wiedergabe der Figuren mit dem Pathos einer bühnenmäßigen Inszenierung venezianischer Art verbindet. SJ

Rosso Fiorentino (1495-1590)
Die sterbende Cleopatra
Pappelholz, 88 x 75 cm
Inv. Nr. 479

Das erst kürzlich überzeugend dem Florentiner Maler Rosso Fiorentino zugeschriebene Gemälde wurde 1710 in Herzog Anton Ulrichs Galerie in Salzdahlum unter dem Namen Tizian geführt, später galt es lange Zeit als Werk Renis und zuletzt als anonym. Zahlreiche alte Kopien, die sich unter verschiedenen Namen – Reni, Canlassi – in europäischen Sammlungen befinden, bezeugen, daß das Bild schon früh sehr berühmt gewesen sein muß, auch wenn sein Autor dann in Vergessenheit geriet. Es läßt sich den späten, während seines Aufenthalts in Frankreich 1530-1540 entstandenen Arbeiten Rossos anschließen und ist als eine wichtige Ergänzung des verhältnismäßig kleinen erhaltenen Oeuvres dieses bedeutenden Künstlers zu betrachten. SJ

Bernardo Strozzi (1581-1644)
Die Heilige Katharina
Leinwand, 98 x 73 cm
Inv. Nr. 797

Die schöne, kostbar gekleidete junge Frau mit dem verträumten Blick ist durch den Palmwedel und den Teil eines Rades als die Heilige Katharina gekennzeichnet, die der Legende nach unter dem Kaiser Maxentius im 6. Jahrhundert das Martyrium erlitt. Das Thema gab im Barock den willkommenen Anlaß zur Darstellung schöner und vornehmer junger Frauen. Strozzi, der zunächst in Genua, später in Venedig tätig war, hat es mehrfach gemalt. SJ

Paolo Veronese (1528-588)
Die Taufe Christi
Leinwand, 142 x 208 cm
Inv. Nr. 465

Das Bild gilt als eines der frühesten Werke des Künstlers, der das Thema mehrfach dargestellt hat. Das biblische Geschehen ist in eine weite Landschaft eingebettet, die mit ihrem flachen Horizont und den klaren, vereinfachten Strukturen bereits Stilelemente der italienischen Landschaftsmalerei des 17. Jahrhunderts vorwegnimmt. SJ

Simon Vouet (1590-1649)
Bildnis eines jungen Mannes
Leinwand, 74 x 58 cm
Inv. Nr. 497

Simon Vouet, Franzose von Geburt, doch in seiner Jugend in Rom tätig, schloß sich dort dem Kreis um Caravaggio an und hat durch sein Werk selbst Einfluß genommen auf die Malerei Roms wie Neapels. Zu den in Rom entstandenen Werken Vouets gehört das Bildnis eines jungen Mannes mit dem kecken Federhut, auf dessen Gesicht nur ein seitliches Streiflicht fällt, das Stirn und Augen im Dunkel läßt. In Verbindung mit der Neigung des Körpers, der Wendung des Kopfes, wird der Eindruck des flüchtigen Vorbeieilens hervorgerufen. SJ

Skulpturen und Kunsthandwerk

Im zweiten Obergeschoß des Museumsgebäudes befindet sich die Abteilung Skulptur und Kunsthandwerk der Renaissance und des Barock, die kleine, jedoch nicht uninteressante Sammlung von Werken der Antike sowie der außereuropäischen Kunst.

Mit Ausnahme eines Teils der antiken Werke handelt es sich auch hier, wie bei den Gemälden, fast ausschließlich um Bestände, die auf die Sammeltätigkeit der Braunschweiger Herzöge, vor allem Herzog Anton Ulrichs, seines Sohnes August Wilhelm und seines Enkels Carl I., des Gründers des Museums, zurückgehen und deren persönliche Interessen und Neigungen reflektieren.

So hatte Anton Ulrich in seinem Lustschloß in Salzdahlum einen eigenen Raum der italienischen Majolika reserviert, je einen weiteren den französischen Emails und dem „indianischen", d.h. ostasiatischen Porzellan, von dem er, wie berichtet wird, 4000 Stück gehabt haben soll. Letzteres ging verloren, aber die außerordentlich reichen Bestände an italienischer Majolika und die französischen Emails des 16. Jahrhunderts bilden heute Schwerpunkte der Braunschweiger Sammlung.

Bemerkenswert ist auch der reiche Bestand an Kleinplastik. Hier sind vor allem die Bronzen und die Elfenbeinarbeiten zu nennen. Die bedeutende Sammlung von Kleinbronzen wird bereits Mitte des 18. Jahrhunderts inventarisiert, die spätesten Werke entstammen dem frühen 18. Jahrhundert. Einen Teil der Elfenbeinsammlung, darunter die Arbeiten Permosers, hatte schon Anton Ulrich erworben, dessen Portraitbüste in Alabaster von Permoser zu den besonderen Kostbarkeiten des Museums gehört. Der größte Teil der Sammlung, vorwiegend Arbeiten des 17. und 18. Jahrhunderts, wird jedoch der Sammeltätigkeit Herzog August Wilhelms, des Sohnes Anton Ulrichs, verdankt, der die Elfenbeinschnitzereien in kostbaren Kunstschränken im Braunschweiger Schloß aufstellte, in denen sie auch heute noch im Museum gezeigt werden.

Auf den Vater Herzog Anton Ulrichs, Herzog August d. J., geht die Sammlung von Kunstuhren des 16. und 17. Jahrhunderts zurück, unter denen sich einige außerordentlich kostbare und ungewöhnliche Stücke befinden.

In einem Raum sind Objekte verschiedenster Art und verschiedenster Materialien ausgestellt, die sich unter dem Begriff der „Kunstkammer" zusammenfassen lassen und von denen ein Teil aus der Kunstkammer Herzog Ferdinand Albrechts in Bevern stammt. In einem Schrank wurde nach dem Vorbild eines Gemäldes ein Kunstkammerschrank des 17. Jahrhunderts nachgestellt.

Eine der reichsten Abteilungen ist diejenige des Fürstenberger Porzellans. Carl I., der Gründer des Museums, war auch der Gründer der Manufaktur Fürstenberg, und das Museum hat es sich zur Aufgabe gesetzt, die Erzeugnisse der Manufaktur des 18. und frühen 19. Jahrhunderts möglichst vollständig zu besitzen.

Auf dem Gebiet der antiken Kunst sind die Sammlung griechischer und süditalischer Vasen sowie einige römische Skulpturen hervorzuheben wie auch die bisher kaum bekannte ägyptische Sammlung. Das Museum besitzt schließlich eine bedeutende Sammlung teils antiker, teils neuerer geschnittener Steine, die in Vitrinen im Foyer gezeigt werden.

Unter den außereuropäischen Arbeiten sind vor allem die Ostasiatika zu nennen. Zwar ist die oben erwähnte Sammlung „indianischen" Porzellans, die Anton Ulrich besaß, verloren, erhalten ist jedoch der wohl ebenfalls auf ihn zurückgehende bedeutende Bestand chinesischer und japanischer Lackarbeiten sowie das Steinzeug aus Yixing. SJ

Hendrick de Keyser
(1561-1621)
Hermes
Bronze, Höhe 32 cm
Inv. Nr. Bro 33

Hermes, der jugendliche Halbbruder des Apollo, Götterbote und Gott der Kaufleute wie der Diebe, ist hier mit dem modisch aufgesetzten Flügelhut, die linke Hand keck auf die Hüfte gestützt, wie ein junger Stutzer dargestellt, eine liebenswürdige, leicht ironische Verkörperung dieser heitersten Gestalt am griechischen Götterhimmel. Thematisch und stilistisch auf italienische Vorbilder zurückgehend, zeigt die Figur in dem gebrochenen, unklassischen Bewegungsrhythmus und in der distanzierten Behandlung des Themas deutlich ihre niederländische Herkunft. De Keyser, in Amsterdam tätiger Architekt und Bildhauer, hat vor allem großplastische Arbeiten geschaffen. Erst in den letzten Jahren ließen sich einige Bronzestatuetten mit seinem Namen verbinden, die ihn auch auf diesem Gebiet als einen Meister von hohem Rang zeigen.
SJ

Balthasar Permoser
(1651-1732)
Bildnis Herzog Anton Ulrichs
Alabaster, Höhe 76 cm
Inv. Nr. Ste 5

Herzog Anton Ulrich von Braunschweig-Lüneburg (1633-1714), dessen Namen das Museum heute trägt und dessen reiche Kunstsammlungen den Grundbestand des Museumsbesitzes darstellen, war ein Zeitgenosse Ludwigs XIV. Die in der Barockgalerie aufgestellte Bildnisbüste, die den Herzog in reifem Alter zeigt, folgt dem von Bernini in seinen Büsten des Herzogs von Modena und Ludwigs XIV. geschaffenen Typus der Herrscherbüste: in römischer Rüstung mit einem locker darüber drapierten Gewand, mit Allongeperücke, den Blick auf ein fernes Ziel gerichtet. Es war Anton Ulrich gelungen, mit Permoser für sein Bildnis einen der bedeutendsten Bildhauer seiner Zeit zu gewinnen, der hier nicht nur eine repräsentative Darstellung eines Fürsten aus der Zeit des Absolutismus schuf, sondern zugleich ein sehr persönliches Bildnis eines klugen, vielseitig gebildeten Mannes, eines Fürsten, der auch Dichter und Kunstsammler war. SJ

Modell zu einer Dürermedaille
Hans Schwarz (1492/3-nach 1532)
Buchsbaumholz,
Durchmesser 5,8 cm
Inv. Nr. Med 1

Im September 1520 vermerkte Dürer in seinem Tagebuch, daß er Hans Schwarz zwei Goldgulden „für mein angesicht" gesandt habe. Das von Hans Schwarz, dem wohl bedeutendsten deutschen Medailleur der Renaissance, geschaffene Modell zu einer Dürermedaille gibt ein idealisiertes Bildnis Dürers im Profil wieder, für das die bekannten Selbstbildnisse des Künstlers das Vorbild gewesen sein könnten, falls nicht Dürer selbst eine Zeichnung geliefert hat. Die nach dem Braunschweiger Modell ausgeführten Medaillen sind durch die Umschrift „ALBERTVS DVRER PICTOR GERMANICVS" und durch das Monogramm H.S. ergänzt. SJ

Herzog-Julius-Büchse
Ditrich Oberst,
Braunschweig, 1580/85
Eisen, Messing vergoldet,
Länge 132 cm
Inv. Nr. Waf 1

Die mit dem Wappen und den Initialen Herzog Julius' von Braunschweig (Regierungszeit 1568-1589) versehene Prunkbüchse – ausgestellt bei den altdeutschen Gemälden – wurde 1585 anläßlich der Hochzeit des Thronfolgers Heinrich Julius an den herzoglichen Hof in Wolfenbüttel geliefert. Die Bestellung umfaßte mehrere Jagdwaffen, von denen sich einige ähnlich gearbeitete Büchsen und Pistolen erhalten haben. Braunschweig war im 16. Jahrhundert ein Zentrum der Waffenherstellung. Die kunstvollen Treibarbeiten und die Vergoldung der Messingbleche wurden von Goldschmieden, den sogenannten Damasculierern, gearbeitet, die sich auf die Waffenherstellung spezialisiert hatten. AW

Kanne
Wedgwood, Etruria,
um 1785
Steingut: Jasperware,
Höhe 17 cm
Inv. Nr. Wed 319

Seit 1775 produzierte Wedgwood Steingut in unterschiedlich bunter, kräftiger Farbgebung, die sogenannte Jasperware. Die für diese Gattung typischen Reliefauflagen in einer sich vom Grund stark abhebenden Farbigkeit sind als Nachahmungen der Steinschneidekunst in der Art antiker Kameen zu verstehen. Ebenfalls antikisierend sind bei der Kanne außer ihrer klaren Formgebung die Gewänder der Figuren sowie die Blattornamente. Der Entwurf für die häuslichen Szenen auf dem umlaufenden Fries stammt von Lady Elizabeth Templetown oder Emma Crewe, die beide als freie, autodidaktische Künstlerinnen für Wedgwood Vorlagen anfertigten. AW

Weißgrundige Lekythos
Attisch, 440-30 vor Christus
Ton, Höhe 34 cm
Inv. Nr. AT 258

Lekythen, Vasen mit einem hohen zylindrischen Körper über kantigem Fuß, scharf abgesetzter Schulter und einem schlanken Hals, an dem ein Henkel angesetzt ist, wurden als Grabgefäße verwendet. Auf weißem Grund ist hier eine Szene dargestellt, die auf den Verwendungszweck der Lekythos deutet: neben einer mit Binden umwundenen Grabstele steht links eine Frau mit einer weiteren Binde in der Hand, rechts – auf der Abbildung nicht sichtbar – ein Mann mit einer Lanze, wahrscheinlich der Verstorbene, für den die Stele geschmückt wird. Die Motive wie die Art der Malerei – umrißartig, mit verschiedenen Farben für die Gewänder – ist charakteristisch für weißgrundige Lekythen. SJ

Das Mantuanische Onyxgefäß
Römische Kaiserzeit, um 54 nach Christus
Fünfschichtiger Sardonyx, Höhe 15,3 cm, größter Durchmesser 6,5 cm
Inv. Nr. Gem 300

Das Mantuanische Onyxgefäß, ein antikes Salbölgefäß, das später zu einem Kännchen umgearbeitet wurde, trägt seinen Namen nach dem ältesten uns bekannten Aufbewahrungsort des Kunstwerks, der Sammlung der Isabella d'Este, Markgräfin von Mantua, in deren Nachlaßinventar von 1539 es erwähnt wird. Geschaffen wurde es in der Zeit der Kaiser Claudius (51-54) oder Nero (54-68). Das Gefäß besteht aus einem Halbedelstein, dessen verschiedenfarbige Schichten wie bei einer Kamee beim Steinschnitt so genutzt wurden, daß sich Reliefbilder ergaben. In der Hauptszene ist Triptolemos dargestellt, ein mythischer Held aus Eleusis, der mit Demeter, der Göttin des Ackerbaus, geleitet von der Göttin des Glücks, im Schlangenwagen über den Erdkreis fährt, vermutlich eine politische Allegorie, in der Mitglieder des Kaiserhauses in göttlicher Gestalt auftreten, während weitere Motive der Darstellung in Zusammenhang mit östlichen Fruchtbarkeitskulten und -mysterien stehen. SJ

Bildnis des Kaisers Claudius
Römisch, ca. 41 nach Christus
Marmor, Höhe 33,8 cm
Inv. Nr. AS 7

Für die Herstellung des Braunschweiger Bildnisses des nach der Ermordung Caligulas von der kaiserlichen Garde auf den Thron gehobenen Claudius (10 v. Chr.-54 n. Chr., Kaiser 41-54 n. Chr.) wurde ein vorhandenes Bildnis Caligulas umgearbeitet. Dies geschah vermutlich kurz nach der Thronbesteigung des neuen Kaisers im Jahre 41 n. Chr. Die Verwendung vorhandener Bildnisse hatte nicht nur den Vorteil, billiger zu sein, zugleich zerstörte sie die Darstellungen des verhaßten Vorgängers. Bildnisse der römischen Kaiser wurden in großer Zahl angefertigt und immer wieder kopiert, die Kopien dann im ganzen Reich verbreitet. Sie folgten jeweils einem bestimmten Typus, bei dem außer der Physiognomie besonders die Haarbildung einem festen Schema unterworfen war. SJ

Portrait einer Frau
Römisch, 3. Jahrhundert nach Christus
Marmor, Höhe 26,7 cm
Inv. Nr. AS 16

Das weich modellierte, ausdrucksvolle Marmorbildnis einer Frau wird in der ersten Hälfte des 3. Jahrhunderts, vermutlich um 225, entstanden sein. Der fest aufgelegte, den hinteren Teil des Kopfes bedeckende Zopf ist allerdings untypisch für diese Zeit. Es wird daher vermutet, daß das Haar später, etwa um 260, umgearbeitet wurde und der Kopf als Bildnis einer Dame dieser späteren Epoche Wiederverwendung fand. Derartige Umwidmungen kamen in der Antike öfters vor, die Gesichtszüge wurden hierbei nicht verändert, eine Inschrift unter der Büste nannte den Namen der Dargestellten. SJ

Satyrweibchen
Italien (Venedig ?), Anfang 17. Jahrhundert, nach einem Vorbild von Andrea Briosco, gen. Il Riccio (ca.1470/75-1532)
Bronze, Höhe 23,8 cm
Inv. Nr. Bro 1

Die Figur ist eine vorzügliche Nachbildung der Satyrfrau aus der Gruppe eines Satyrpärchens von Andrea Briosco, gen. Il Riccio, im Victoria and Albert Museum in London. Die Frau greift dort mit dem rechten Arm über die Schulter des Mannes, der sich ihr zärtlich zuwendet und mit der Hand leicht ihr Kinn berührt, ihr rechtes Bein liegt über dem linken Oberschenkel des Satyrs. Von dem Londoner Vorbild, das mit seiner lebendigen Oberfläche für Riccios eigenhändige Arbeiten so charakteristisch ist, unterscheidet sich die Braunschweiger Figur durch vollere, kräftigere Formen, eine glattere Haut und schärfer geschnittene Züge. Es handelt sich hier zweifellos nicht um eine Werkstattwiederholung, sondern um eine spätere, vermutlich zu Beginn des 17. Jahrhunderts möglicherweise in Venedig entstandene, künstlerisch eigenständige Nachbildung von hoher Qualität. SJ

Sitzender Mann
Bartolomeo Ammanati
(1511-1592)
Bronze, Höhe 53 cm
Inv. Nr. Bro 226

Das Sitzmotiv und die fliessende Bewegung der Figur lassen vermuten, daß das Modell im Zusammenhang mit Entwürfen zu einem Brunnen entstand. Eine nach diesem Modell in grösserem Maßstab ausgeführte Figur hätte in hervorragendem Maße die Aufgabe erfüllt, die Brunnenarchitektur plastisch zu beleben und zwischen dem Element des Wassers und der Welt des Betrachters zu vermitteln. Vergleichbar sind die Bronzefiguren auf dem Bekkenrand des Neptunsbrunnens auf der Piazza della Signoria in Florenz von Bartolomeo Ammanati, dem auch die Braunschweiger Figur zugeschrieben wird. SJ

Venus
Nach Giovanni Bologna
(1529-1608)
Bronze vergoldet,
Höhe 14,5 cm
Inv. Nr. Bro 90

Die kleine, vorzüglich modellierte, vergoldete Statuette einer sich abtrocknenden Venus galt zeitweise als eigenhändiges Werk Giovanni Bolognas. Neuerdings hält man sie für die Arbeit eines Goldschmieds nach dessen Vorbild – etwa von der Art des im Gegensinn gebildeten Apoll im Studiolo Francescos I. im Palazzo Vecchio in Florenz oder der Astronomie in Wien. Die Statuette erfüllt exemplarisch die damalige Forderung nach der „Figura Serpentinata" – der in sich gedrehten und bewegten Figur, die mehrere künstlerisch interessante und schöne Ansichten besitzt. SJ

Reiterstatuette Kaiser Marc Aurels
Venedig (?), um 1600
Bronze, Höhe 24 cm
Inv. Nr. Bro 35

Die Statuette ist eine verkleinerte Nachbildung der antiken Reiterstatue Kaiser Marc Aurels (161-180), die im Mittelalter vor dem Lateranspalast in Rom stand und 1538 durch Michelangelo ihren heutigen Platz auf dem Kapitol erhielt. Von der Statue, die zu den berühmtesten antiken Skulpturen gehörte und Vorbild für die Reiterdenkmäler der Renaissance und des Barock wurde, sind bereits im 15. Jahrhundert kleinformatige Bronzenachbildungen angefertigt worden. Das Braunschweiger Exemplar, das das Original getreu, wenn auch mit Vereinfachungen im Detail, wiedergibt, stammt vermutlich aus dem Ende des 16. Jahrhunderts. SJ

Bildniskopf eines Negers
Flämisch, 1. Hälfte 17. Jahrhundert
Bronze, Höhe 28 cm
Inv. Nr. Bro 123

Der Schöpfer der lebensgroßen Darstellung eines Negerkopfes aus Bronze mit den vollen, klar gegliederten Gesichtszügen und der sensiblen Modellierung, die der Darstellung ihre außerordentliche Lebendigkeit verleiht, ist bisher nicht bekannt, er wird jedoch im Umkreis des Rubens zu suchen sein. Durch die weitreichenden Handelsbeziehungen der großen Hafenstädte Antwerpen und Amsterdam waren Vertreter fremder Völker und Rassen damals gerade den Niederländern wohl vertraut und wurden Gegenstand künstlerischer Gestaltung. Die ernste Würde und der ein wenig schwermütige Ausdruck des Braunschweiger Negerkopfes zeigen, daß der Künstler über die Wiedergabe der fremdartigen Züge hinaus etwas von der Persönlichkeit und der seelischen Gestimmtheit seines Modells zu erfassen suchte, eines Modells, dessen Menschlichkeit hier Achtung und Respekt erwiesen wird. SJ

Stier vor einem Brunnen
Augsburg,
Ende 16. Jahrhundert
Bronze, Höhe 21,5 cm
Inv. Nr. Bro 225

Der Stier gehörte zusammen mit anderen Tierfiguren – weiteren Stieren, Pferden, Löwen, Affen, Elefanten und einem Hirsch – zu einem Brunnen, den Herzog Heinrich Julius von Braunschweig-Lüneburg (1589-1613) in dem Lustgarten des Fürstlichen Schlosses in Hessen errichten ließ. Der Brunnen ist seit langem zerstört, sein Aufbau ist jedoch in einem Stich von Konrad Buno überliefert. Die Figuren für den Brunnen hatte der Herzog von Kaufleuten aus Augsburg und Regensburg erworben. Der Stier beeindruckt durch die realistische Wiedergabe des mächtigen Körpers und seiner schwerfälligen Bewegung. SJ

Schreibtisch mit Aufsatz
Hendrik van Soest,
Antwerpen, um 1700
Holzkern: Eiche und Fichte,
Furnier: Birnbaum gebeizt und Ebenholz; Skulpturen: Linde gefaßt und vergoldet; Marketerien: Schildpatt, Elfenbein, Horn, Zinn graviert; Säulenbasen und Kapitelle sowie Beschläge: Bronze feuervergoldet,
Höhe 171 cm,
Inv. Nr. Moe 109

Die Schreibplatte des Tisches ist unter der nach hinten verschiebbaren Abdeckplatte verborgen. Der Aufriß des Möbels und die Art seiner Verzierungen zeigen eindeutig die Handschrift des Antwerpener Kunstschreiners van Soest (nachweisbar von 1648 bis 1716), der sich auf derartige Schreibtische spezialisiert hatte. Die strengen Formen und die für die Marketerien benutzten unterschiedlichen Materialien verraten eine starke Abhängigkeit vom Stil des berühmten französischen Hofebenisten André Charles Boulle (1642-1732). Das Wappen auf der Abdeckplatte ist aufgrund bestimmter heraldischer Merkmale Herzog Anton Ulrich von Braunschweig zuzuordnen. AW

Eva
Leonhard Kern (1658 – 1622)
Birnbaumholz,
Höhe 33,5 cm
Inv. Nr. Hol 9

Zu den eindrucksvollsten Werken des deutschen Barockbildhauers Leonhard Kern gehört die Einzelfigur einer klagenden Eva, die Holzstatuette einer kräftig gebauten Frau mit erhobenen, hinter dem Kopf zusammengeschlagenen Armen und zum Himmel gerichtetem Blick. Die klaren, großzügigen Formen, vor allem aber die Kraft und Unmittelbarkeit, mit der hier das Thema des Leidens und der Verzweiflung gestaltet wurde, verleihen der Statuette eine Ausdruckskraft und Monumentalität, wie sie in der deutschen Kunst des 17. Jahrhunderts nur selten zu finden ist. SJ

Predigt Johannes des Täufers
Georg Schweigger
(1613/16-1690)
Kelheimer Stein,
19,9 x 13,8 cm
Inv. Nr. Ste 179

Johannes der Täufer, barfüßig und im Fellkleid, predigt von erhöhter Felsplattform zu dem andächtigen Volk. Das Täfelchen links unten trägt das Monogramm Dürers und das Datum 1511, auch andere Werke Schweiggers tragen Dürer-Monogramme und wurden früher deshalb fälschlich diesem zugeschrieben. Ihre Anbringung zeugt von Schweiggers Verehrung für Dürer und war nicht im Sinne einer Fälschung gemeint. Tatsächlich nutzte er für seine Komposition bei einzelnen Figuren und Details die „Schaustellung Christi", einen Holzschnitt aus Dürers „Großer Passion" Die Ausführung ist dennoch eigenständig und von höchster Qualität. SJ

Venus entwaffnet Amor
Corneille van Clève
(1645–1732)
Bronze, Höhe 47 cm
Inv. Nr. Bro 167

Venus sitzt auf einer Felsbank und neigt sich zu dem herbeieilenden Amorknaben, dessen Köcher ergreifend. Die Gruppe wurde kürzlich zusammen mit ihrem Gegenstück „Psyche betrachtet den schlafenden Amor" (Inv. Nr. Bro 166) dem französischen Bildhauer Corneille van Clève zugeschrieben. Die Anmut und Eleganz der schlanken Frauenfigur, die verspielte Erotik erweisen die Gruppe als ein charakteristisches Werk der französischen Bronzeplastik des Rokoko. SJ

Jagdschüssel und Jagdkanne
Johann Michael Maucher
(1645–1701)
Elfenbein, Hirschhorn, Metall
Schüssel: 52 x 43,5 cm,
Kanne: Höhe 33,5 cm
Inv. Nr. 406/7

Neben den aufwendigen Büchsen waren es besonders die prachtvollen Jagdschüsseln und Kannen aus Hirschhorn und Elfenbein, die den Ruhm Johann Michael Mauchers aus Schwäbisch Gmünd begründeten. In der Mitte der Braunschweiger Schale befindet sich eine auf die Jagd bezogene Szene aus der antiken Mythologie – Diana und Aktäon – während die Randzone gefüllt ist mit Jagdszenen verschiedener Art: in sechs gerahmten Feldern Bären-, Hirsch-, Wolf-, Eber- und Löwenjagd, dazwischen weitere Einzelszenen. Sehr reizvoll auch die weitgehend aus Hirschhorn gebildete Kanne mit einem Henkel aus Elfenbein in Form eines Drachens, auf dem drei Putten klettern, und einem Fries mit Jagdszenen, ebenfalls in Elfenbein, alles mit äußerster Feinheit ausgeführt. SJ

Vier Vitrinenschränke
Braunschweig, um 1730
Nußbaum, Esche, Palisander, Obst- und Wurzelhölzer, feuervergoldete Messinggitter
Höhe 240–244 cm,
Inv. Nr. Moe 10–13

Die vier gleichartig gestalteten Vitrinenschränke wurden im Auftrag Herzog August Wilhelms von Braunschweig (Regierungszeit 1714-1731) als Sammlungsschränke für das nach 1717 neu errichtete Herzogliche Schloß in Braunschweig angefertigt. Sie dienten ursprünglich wie heute dem Aufbewahren und der Präsentation von Elfenbeinwerken. In den Gittern der Türen sind das Wappen der Braunschweiger Herzöge, das Welfenroß, das Monogramm August Wilhelms und seine Devise „Parta tueri" (das Erworbene bewahren) wiedergegeben. AW

Spiegeluhr
Caspar Langenbucher, Augsburg, 1649
Gehäuse: Bronze feuervergoldet, Silber, Ebenholz, Kristallglas (Rückseite); Werk: Messingplatinen, Messingräder, Höhe 97 cm
Inv. Nr. Uhr 76

Die entsprechend der Form ihres Gehäuses als Spiegeluhr bezeichnete Standuhr wurde von Langenbucher als Meisterstück gearbeitet. Durch die Zunftvorschriften waren die auf der Vorder- und Rückseite angebrachten Indikationen (Tage, Stunden und anderes) vorgegeben. Neben dem Uhrmacher Langenbucher beteiligten sich sieben weitere, vor allem für die künstlerische Ausstattung des Meisterstücks zuständige Handwerker an der Herstellung. 1650 wurde die Uhr von Herzog August d. J. von Braunschweig (Regierungszeit 1635–1666), dem leidenschaftlichen Uhrensammler und -kenner, erworben. AW

Kabinettschränkchen
Königsberg, um 1720
Bernstein geschnitten,
Spiegelglas, Höhe 68 cm
Inv. Nr. Moe 84

Für die Gestaltung des Schränkchens wurden unterschiedliche Arten von Bernstein verwendet. Die durchscheinenden Auflagen sind teilweise mit dem Schnitzmesser bearbeitet. Neben Ornamenten zeigen sie an den Schmalseiten jeweils zwei Ansichten von Ostsee-Städten und an den Türen das preußische Königswappen sowie das Monogramm der Königin Sophie Dorothea von Preußen. Die Königin vermachte das Schränkchen ihrer Tochter, der Herzogin Philippine Charlotte von Braunschweig (1716-1801). Auf dem Schränkchen die Allegorie der Gerechtigkeit, das einzig erhaltene von ehemals fünf als Bekrönung aufgestellten Figürchen. AW

Kugellaufuhr
Christoph Rohr, Leipzig/
Braunschweig, um 1600
Bronze, Messing feuervergoldet, Eisen, Höhe 126 cm
Inv. Nr. Uhr 77

Die Regelung der Uhr wird durch eine Kugel bestimmt, die innerhalb einer Minute auf der schiefen Bahn nach unten rollt, dort durch ihren Aufprall das Räderwerk ein entsprechendes Stück weiterbewegt und gleichzeitig von einem Hebewerk erfaßt wird, das sie an den Anfang der Bahn zurücktransportiert. Mit dem Stundenschlag 9, 10, 11 und 12 drehen sich die Reiter und Landsknechte um den trommelnden und kopfwendenden Türken. Diese kuriose Uhr wurde von dem Leipziger Uhrmacher Rohr in Braunschweig – aller Wahrscheinlichkeit nach im Auftrag Herzog Heinrich Julius' von Braunschweig (Regierungszeit 1589–1613) – angefertigt. Die im Rollwerkstil verzierten Messingplatten zeigen mythologische Szenen und Tierdarstellungen in der Art der Vorlagenstiche von Paul Flindt und Jonas Silber. AW

Nymphe, Faun und Satyr
Ignaz Elhafen (1658-1715)
Relief aus Elfenbein,
13 x 9,5 cm
Inv. Nr. Elf 265

Auf einem bewachsenen Felsstück sitzt mit schmerzverzerrten Zügen ein Satyr, dem ein zweiter, jugendlicher Satyr einen Dorn aus dem Fuß entfernt, neben ihm steht eine Nymphe, ihm teilnahmsvoll den Arm um die Schulter legend. Elhafen hat hier, wie er dies oft tat, eine graphische Vorlage benutzt, einen Kupferstich Johann Müllers nach einer Erfindung Bartholomäus Sprangers, diese jedoch selbständig abgewandelt und ins Räumliche übersetzt. Bemerkenswert ist auch der aus Elfenbein und Holz gearbeitete und mit gravierten Ornamenten versehene Kunstkammerrahmen. SJ

Allegorie des Frühlings
Balthasar Permoser
(1651-1732)
Elfenbein, Höhe 23 cm
Inv. Nr. Elf 78

Die Elfenbeinstatuette des Frühlings gehört zu einer Folge von Allegorien der vier Jahreszeiten, die sich ursprünglich vollständig in der Sammlung Herzog Anton Ulrichs befand. In den Wirren der napoleonischen Kriege gingen jedoch die Figuren des Herbstes und des Winters verloren, die heute in einer englischen Privatsammlung bewahrt werden. Unter den kleinplastischen Arbeiten Permosers zählen die vier Figuren, von denen eine, der Sommer, das Datum 1695 trägt, zu den reifsten und vollkommensten. Die grazile Anmut der Statuette des „Frühlings“, ihre weiche Schwingung, die von dem Füllhorn aufgenommen wird und den Eindruck von Schwerelosigkeit vermittelt, weisen bereits auf das Rokoko. SJ

Reiterstatuette Herzog August Wilhelms
Esaias Philipp Steudner (1691-1760)
Elfenbein,
Höhe mit Sockel 38 cm,
ohne Sockel 25,2 cm
Inv. Nr. Elf 160

Die künstlerischen Interessen Herzog August Wilhelms (1662-1731), des Sohnes von Herzog Anton Ulrich, galten besonders den Arbeiten aus Elfenbein, und ein großer Teil der bedeutenden Elfenbeinsammlung des Museums geht auf seine Sammeltätigkeit zurück. Elfenbein war auch das Material, in dem er sich selbst mehrfach darstellen ließ, so auch in der seit der Antike für das Herrscherbildnis repräsentativsten Form, zu Pferde, in einer antikisierenden Rüstung, jedoch mit Allongeperücke, den Kommandostab erhoben, auf einem Sockel mit allegorischen Darstellungen des guten Regiments.
SJ

Pokal mit Trinkspiel
Schlesien, um 1730
Glas geschnitten, Messing vergoldet; eine Spielfigur nachgebildet, Höhe 30 cm
Inv. Nr. Gla 128

Von den neun Spielfiguren, die auf der drehbaren Messingscheibe aufgestellt sind, tragen drei an ihrer Unterseite je eine Ziffer (1, 3 und 4) und eine die Inschrift GARAUS (die verlorene, jetzt ergänzte Figur trug die Ziffer 2). Außerdem gehören zum Trinkspiel die in die Kuppa eingeschnittenen Felder mit den Bezeichnungen 1 Pas., 2 Pas., 3 Pas., 4 Pas.. Die beiden auf der Vorder- und Rückseite wiedergegebenen Jagddarstellungen werden jeweils von zwei Putten flankiert, die die vier Jahreszeiten versinnbildlichen. AW

Spiegelschrank
Johann Heinrich Balthasar Sang und Thomas Körblein, Braunschweig, um 1750
Holzkern: Fichte; Spiegelglas graviert; Schnitzereien: Linde glanzvergoldet; Beschläge und Schlösser: Messing und Eisen; Auskleidung: Büttenpapier gefärbt, Höhe 276 cm
Inv. Nr. Moe 7

Der aus einer Kommode und einem Aufsatz bestehende Schrank wurde für Herzog Carl I. von Braunschweig (Regierungszeit 1735-1780) angefertigt; sein Monogramm (C) und das seiner Gemahlin Philippine Charlotte (PC) erscheinen auf den beiden das herzogliche Wappen flankierenden Pyramiden. Auf den oberen und unteren Leisten des Türrahmens sind die vier Jahreszeiten dargestellt. Das Möbel entstand in der von dem Glasschleifer Sang und dem Fabrikanten Körblein geführten „Fürstlichen Spiegelfabrik“ in Braunschweig. Sangs Signatur ist viermal an der Vorderseite des Schranks, Körbleins Signatur einmal im Schrankinnern wiedergegeben. AW

Klöppelspitze (Ausschnitt)
Brüssel, 2. Drittel des 18. Jahrhunderts
Länge 67 cm, Breite 40 cm, oben beschnitten
Inv. Nr. Spi 205

Das Motiv dieser Brüsseler Klöppelspitze mit Stegrand und Ziernetzen entwickelt sich um ein von einer Schleife gehaltenes Blumenbukett. Beiderseits rankenartig gefiederte Blätter und nach unten gekehrte Palmetten sowie, einander zugekehrt, ein Vogelpärchen und kleinere Buketts. Der abgebildete Ausschnitt zeigt die rechte Seite des zentralen Motivs. Im 18. Jahrhundert erreicht die Klöppelspitze in Brüssel ihren künstlerischen Höhepunkt. Ihre Durchsichtigkeit und Zartheit, ihr verspielter Formenreichtum machen sie zu einer echten Ausdrucksform des Rokoko. SJ

Kunstkammerschrank
68 Stücke unterschiedlicher Herkunft, 16.-18. Jahrhundert, untergebracht in einem Dielenschrank, Schweiz, um 1620

Der Schrankeinsatz, die Auswahl der Stücke und ihre Anordnung sind modern – allerdings in Anlehnung an ein 1666 entstandenes Gemälde von Georg Hintz. Es handelt sich dabei um eine Kunst- und Wunderkammer im Kleinen, die die unterschiedlichsten Kunst- und (bearbeiteten) Naturgegenstände – Artifizialien und Naturalien – dem Betrachter vor Augen führt. Das im 16. und 17. Jahrhundert vor allem in fürstlichen Kreisen verbreitete, systematische Sammeln von kunstvollen und kuriosen Gegenständen sollte nicht nur die Vielfalt des göttlichen und menschlichen Schöpfungsgeistes veranschaulichen, sondern auch an die Vergänglichkeit der irdischen Dinge erinnern.
AW

Große Deckelvase
Guadalajara, Mexiko,
17. Jahrhundert
Ton, kalt bemalt,
Höhe 88,5 cm
Inv. Nr. Ame 4

Die Form der Vase entspricht der eines Vorratsgefäßes, das an den Henkeln aufgehängt oder in ein Gestell eingesetzt werden kann. Ihre aufwendige Bemalung und der auf ihrer Vorderseite wiedergegebene doppelköpfige Habsburger Adler weisen sie eindeutig als ein für Europa bestimmtes Exportstück aus. Ähnliche Gefäße in vergleichbarer Größe gelangten im 17. Jahrhundert in die Sammlungen der bedeutendsten Kunstkammern, unter anderen in die der Medici in Florenz. In Technik, Form und Ausschmückung der Vase sind altmexikanische, spanisch-maurische sowie chinesische Einflüsse nachweisbar.
AW

Relief mit allegorischer Darstellung
Abraham Drentwett,
Augsburg, 1707
Wachs; originaler Kasten,
45 x 59 cm
Inv. Nr. Wac 2

Die Darstellung versinnbildlicht die 1701 von Kurfürst Friedrich III. erreichte Erhebung des Herzogtums Preußen zum Königreich. Die gekrönte weibliche Allegoriefigur Borussia kniet auf der linken Seite und blickt zur Providentia, der die göttliche Vorsehung verkörpernden Figur empor, die ihr die Königskrone darreicht. Eine Fülle weiterer allegorischer und mythologischer Figuren nimmt an dem Geschehen teil: Unter anderen in Begleitung der Borussia Apollo mit der Leier und der Kriegsgott Mars zu Pferde; links hinter dem sitzenden Flußgott und der zu diesem zurückblikkenden Erdgöttin die Künste Architektur und Malerei. Zwischen der Malerei und der Jagdgöttin Diana erscheint der Schöpfer des Reliefs, der Goldschmied, Stecher und Wachsbildner Abraham Drentwett. AW

Zwei Spielbretter mit Kassette
Werkstatt des Ulrich Baumgärtner, Augsburg, um 1615
Schachspielbrett: Ebenholz, Palisander, gefärbtes Holz, Elfenbein, Silber graviert;
Dame- und Gänsespielbrett (Rückseite): Ebenholz, Elfenbein, Perlmutter, Silber graviert; Kartenspiel: Ebenholz, Silber graviert, Messing;
Kassette: Ebenholz, im Innern Samt mit Goldborten, Ölmalerei,
Spielbrett: 46 x 38 cm;
Kartenspiel: 32,5 x 24 cm;
Kassette: 67,5 x 59 cm, Höhe 32,5 cm
Inv. Nr. Moe 85

Die Spielbretter und die Kassette wurden auf Bestellung Herzog Augusts d. J. von Braunschweig (Regierungszeit 1635-1666) angefertigt, dessen Wappen und das seiner ersten Gemahlin Klara Marie von Pommern auf dem Kartenspiel und auf der Innenseite des Kassettendeckels erscheinen. Die mit dem Schachspiel ausgestellten, zugehörigen Figuren aus Elfenbein und Serpentin stammen von der Hand des Münchner Bildhauers Christoph Angermeier. Herzog August d. J. war neben seiner Leidenschaft für das Sammeln von Büchern und Uhren ein begeisterter Schachspieler und -theoretiker. 1616 erschien unter dem Pseudonym Gustavus Selenus die von ihm verfaßte Abhandlung über „Das Schach- oder König-Spiel". AW

Relief mit den drei Grazien
Christian Benjamin Rauschner, Frankfurt a. M.,
2. Hälfte 18. Jahrhundert
Wachs, bemaltes Glas, Perlen, Moos, 55 x 40 cm (Kasten)
Inv. Nr. Wac 25

Die drei Grazien, Töchter des Zeus, sind im allgemeinen als Personifikationen der Anmut, Schönheit und Freundschaft zu verstehen. Seit der Renaissance wurden sie wegen der gleichzeitigen Darstellung verschiedenansichtiger nackter Idealfiguren zu einem bevorzugten Bildthema. Rauschner hat sie zudem durch leichte Unterschiede in der Tönung des Wachses charakterisiert. Der Künstler war seit 1747 in Frankfurt a. M. als Wachsbossierer und Stuckateur tätig. Der größte Teil seiner Wachsarbeiten ist im Besitz des Herzog Anton Ulrich-Museums. AW

Drei Tongefäße
Guadalajara, Mexiko,
17. Jahrhundert
Roter polierter Ton
Inv. Nr. Ame 287, 319, 307

Eine besondere Rarität stellt in der Sammlung des Herzog Anton Ulrich-Museums eine Gruppe von Gefäßen aus rotem poliertem Ton dar, deren Herkunft bis vor kurzem unbekannt war. Es war zwar bemerkt worden, daß Gefäße dieses Typs, von denen sich auch einige in Dresden sowie in einer spanischen Privatsammlung befinden, auf spanischen Stilleben des 17. Jahrhunderts dargestellt sind, doch gab es keine Hinweise auf eine Entstehung in Spanien selbst. Kürzlich gelang jedoch der Nachweis daß diese Gefäße, sogenannte „búcaros", in Guadalajara in Mexiko aus einer dort vorkommenden roten Erde hergestellt und nach Spanien exportiert wurden, wo ihre Verwendung vielfältiger Art war: außer zum Trinken dienten sie als eine Art Luftbefeuchter und wurden auch wegen ihres guten Geruchs geschätzt. SJ

Tricktrack-Spielbrett mit 30 Steinen
Japan, 17. Jahrhundert
Holz, Schwarzlack mit Gold- und Silberdekor, Elfenbein- und Muscheleinlagen,
45 x 45,3 x 9,6 cm
(in geschlossenem Zustand)
Inv. Nr. Chi 745

Tricktrack oder Backgammon, ein Brettspiel für zwei Personen, war im 17. Jahrhundert in höfischen Kreisen eines der beliebtesten Gesellschaftsspiele. Das fast quadratische, aus zwei Hälften bestehende Spielbrett ist sehr aufwendig gearbeitet, mit reichem Dekor auf den erhobenen Rändern, wo in langgestreckten goldumrahmten Feldern Landschaftsszenen mit Gebäuden, Pflanzen und Tieren in feinster Arbeit in Gold-takamakie (durch Auflagen erhöhtes Streubild aus Gold), Gold-kirigane (kleinen zugeschnittenen Plättchen aus Gold) und mit Einlagen aus Elfenbein, Muscheln und Korallen dargestellt sind. Die zugehörigen Steine sind mit eingravierten Chrysanthemenblüten dekoriert. SJ

Koromandellack-Schränkchen
China, 17. Jahrhundert
Holz, Schwarzlack auf Kreidegrund, Dekor eingeschnitten und farbig ausgemalt,
36,5 x 35,5 x 38,6 cm
Inv. Nr. Chi 712

Zu den schönsten und bedeutendsten Stücken der Braunschweiger Sammlung ostasiatischer Lackarbeiten gehört ein Koromandel-Kabinettschrank. Der Begriff Koromandel-Lack leitet sich von der südostindischen Koromandelküste her, wo die im 16. und 17. Jahrhundert tätigen Europäer verschiedene Handelsstationen errichtet hatten. Die Koromandel-Lacke sind Arbeiten aus Nordchina, die in einer besonderen Technik hergestellt wurden: der Holzkorpus wurde zuerst mit einem Kreidegrund versehen und dann mit bis zu 50 Lackschichten überzogen, von denen einzelne Partien wieder bis auf den weißen Grund abgetragen wurden, der dann farbig bemalt wurde, hier mit einer Seelandschaft auf der Vorderseite, schwimmenden Enten unter Zweigen auf den Seiten. SJ

Tisch mit Steineinlagen
Italien, um 1600; Gestell
1. Hälfte 18. Jahrhundert
Platte: Carrara-Marmor; Einlagen: Achate, Verde antico, Jaspis, Chalzedon, Brekzien-Gestein, Lapislazuli; Gestell: Holz bemalt,
Platte: 116 x 116 cm
Inv. Nr. Moe 20

Die streng geometrische Anlage des eingearbeiteten Musters und die Vielfalt der verwendeten Steinarten kennzeichnen die Platte als italienische Arbeit der Spätrenaissance, wobei als Entstehungsort Rom, Mailand oder Florenz in Betracht kommt. Der tiefenräumliche Effekt, der durch die perspektivisch konstruierten Elemente der Mittelzone entsteht, erinnert an die „Malerei in Stein", bei der durch das Aneinanderfügen von geschnittenen Steinen Bilder nach Art von Gemälden entstehen (Beispiele in der Schausammlung des Museums). Das später angefertigte Gestell mit Kartuschen und Früchte-Blumen-Girlanden (sogenannte Festons) zeigt an den Beinen Ornamentformen des Knorpelstils. Der Tisch ist um 1760 in Schloß Salzdahlum nachweisbar. AW

Schale mit Josefsszenen
Pierre Reymond, Limoges, um 1560
Email auf Kupfer, Durchmesser 46,5 cm
Inv. Nr. Lim 77

Entsprechend der Inschrift GENESE XLIIII am inneren Rand des Bildfelds sind im Spiegel der Schale zwei Szenen aus der Josefsgeschichte wiedergegeben. Die eine schildert die Entdekkung des silbernen Bechers (als goldfarbene Vase dargestellt) im Sack des Benjamin durch Josefs Abgesandte; die andere zeigt die elf Söhne Jakobs im Kniefall vor ihrem Bruder Josef, der, auf einem Thron sitzend, Benjamin zugewandt ist. Die Schale wurde in der Werkstatt des namhaften Limogeser Emailleurs Pierre Reymond gearbeitet, der sich auf derartige Schalen spezialisiert hatte (Signatur PR am äußeren Rand des Bildfelds). Zu der Schale gehörte ursprünglich eine über der Öffnung aufzustellende Kanne. AW

Platte mit Venus
Werkstatt der Pénicauds,
Limoges, um 1550
Email auf Kupfer,
25 x 20 cm
Inv. Nr. Lim 127

Die Platte gehört zu einer Serie von vier Emailtafeln, auf denen Szenen aus dem antiken Märchen von Amor und Psyche dargestellt sind: Psyche am Tisch des Zeus, Psyche und Zerberus, Psyche bei der Toilette und Venus erhält auf dem Meer die Nachricht von der Verletzung Amors durch Psyche. Die abgebildete Darstellung mit Venus auf dem Meer ist auch auf zwei Tellern der Majolikasammlung zu finden – dort mit einer Taube, die Venus dem Text des Märchens entsprechend die Nachricht überbringt. Alle vier Darstellungen gehen auf einen durch eine Kupferstichserie vermittelten Gemäldezyklus von Raphael zurück. AW

Tafel mit Sultan
Limoges, um 1530
Email auf Kupfer,
25,5 x 12,5 cm
Inv. Nr. Lim 40

Der Dargestellte ist durch die auf dem Schriftband gerade noch erkennbare Inschrift SOLTANVS als Sultan gekennzeichnet. Aufgrund der eigentümlichen Form seines Turbans läßt er sich als Vertreter des ägyptischen Herrscherhauses der Memluken bestimmen. Verschiedene Elemente der Figur, wie zum Beispiel der Kopftypus, der sprechende Mund, der Hinweisgestus der Linken oder das Schriftband, erinnern an spätmittelalterliche Prophetendarstellungen. Die neben der Farbmodellierung zu beobachtende Schattierung mit Schraffuren verrät den für die Emailmalerei fast durchweg üblichen Gebrauch von druckgrafischen Vorlagen. AW

Vase mit Grottesken
Werkstatt des Giovanni Maria, Castel Durante oder Faenza, um 1520
Majolika, Höhe 43 cm
Inv. Nr. Maj 379

Um 1500 begannen die italienischen Majolikamaler ihre Stücke im Geiste der Renaissancekunst mit antikisierenden Grottesken zu verzieren und entwickelten dabei rasch einen eigenständigen, auf die Tektonik der Gefäße abgestimmten Dekorationsstil. Ein ausgezeichnetes Beispiel dafür ist die große Vase, deren strenge Gliederung durch die klar begrenzten Ornamentfriese betont wird. In den beiden Kartuschen des farblich abgesetzten Trophäenfrieses sind Sinnsprüche Vergils wiedergegeben: VIRTUS O(M)NIA VINCIT (die Tugend siegt über alles), FIDES OMNIA FIRMAT (der Glaube stärkt alles). AW

Medici-Porzellan
Florenz, um 1575/80
Frittenporzellan, Montierung: Silber vergoldet, Höhe 17 cm
Inv. Nr. Maj 53

Das Gefäß, das aufgrund seiner Bemalung den Majoliken ähnelt, gehört zu den wenigen erhaltenen Exemplaren des sogenannten Medici-Porzellans. Dabei handelt es sich nicht um echtes Porzellan, sondern um ein Frittenporzellan, dessen Scherben einen hohen Anteil an glasartigen Materialien aufweist und das in seiner Härte und seinem Aussehen dem chinesischen Porzellan nahekommt. Das Medici-Porzellan ist das Ergebnis eines unter Großherzog Francesco I. de' Medici in Florenz unternommenen Versuchs, porzellanartige Keramiken herzustellen. Die nachträglich angebrachten Montierungen des Braunschweiger Gefäßes kaschieren Bruchstellen; ursprünglich waren an beiden Henkeln Gießer angesetzt. AW

Platte mit Parisurteil
Werkstatt der Fontana,
Urbino, um 1550
Majolika,
Durchmesser 45 cm
Inv. Nr. Maj 648

Das auf der Platte dargestellte Parisurteil geht auf einen Kupferstich Marcanton Raimondis zurück, zu dem Raphael den Entwurf geliefert hatte. Dieser Stich wurde häufig, vor allem im Bereich des Kunsthandwerks, als Vorlage benutzt (eine weitere Wiedergabe auf einer großen ovalen Platte in der Sammlung Limogeser Email des Museums). Wie die zusammen mit der Platte ausgestellten Teller zeigen, wurden die Hauptfiguren der Darstellung auch einzeln reproduziert. Die Kompositionen des in Urbino geborenen Raphael wurden von den Majolikamalern mit Vorliebe kopiert; mehrere Beispiele davon sind in der Schausammlung Italienische Majolika zu finden. AW

Tête-à-tête
Manufaktur Fürstenberg,
Malerei von Pascha Johann
Friedrich Weitsch 1762/65
Porzellan,
Höhe der Kanne 21 cm
Inv. Nr. Für 741-745

Bilder auf europäischen Porzellanen wurden fast ausschließlich nach druckgraphischen Vorlagen gemalt. Eine Ausnahme bilden die von Weitsch bemalten Geschirre, auf denen eigenhändige Entwürfe des Künstlers in zartfarbige, originelle Miniaturgemälde umgesetzt wurden. Die auf dem Tête-à-tête (Frühstücksservice für zwei Personen) wiedergegebenen Motive, Hirtenszenen in Ideallandschaften, die an den Harz und Vorharz erinnern, sind auch auf zahlreichen Ölgemälden und Zeichnungen Weitschs zu finden (Beispiele in der Gemäldegalerie und im Kupferstichkabinett des Herzog Anton Ulrich-Museums). AW

Deckelvase mit Ideallandschaften
Manufaktur Fürstenberg, Malerei von Heinrich Christian Brüning, um 1805
Porzellan, Höhe 35,5 cm
Inv. Nr. Für 6382

Die Manufaktur Fürstenberg entwickelte seit ihrer Gründung eine große Anzahl von Vasenmodellen. Eines der elegantesten ist die im Empirestil gestaltete Deckelvase mit Hermenhenkeln. Brüning, von 1797-1825 bei der Manufaktur als Landschafts- und Figurenmaler beschäftigt, bemalte einige dieser Vasen mit goldgerahmten Ideallandschaften. Dem Künstler gelang dabei mit seiner lichten und überwiegend zartfarbenen Malweise nicht nur eine einfühlsame Entsprechung zu den grazilen und harmonisierenden Formen der Vase, sondern auch zu der weiß glänzenden, mit poliertem Gold verzierten Glasuroberfläche. AW

Büste Herzog Carl I. von Braunschweig
Manufaktur Fürstenberg, modelliert von J. Desoches 1772
Biskuitporzellan mit Gipssockel, Höhe 58,5 cm
Inv. Nr. Für 975

Herzog Carl I. von Braunschweig (Regierungszeit 1735-1780) war nicht nur der Gründer der Manufaktur Fürstenberg (1747), sondern auch zeitlebens ihr größter Förderer und Auftraggeber. Dementsprechend häufig ist sein Bildnis in und auf Fürstenberger Porzellan zu finden. Desoches arbeitete das Modell nach der kurz zuvor von dem italienischen Bildhauer Bartolomeo Cavaceppi geschaffenen, lebensgroßen Marmorbüste des Herzogs, die im Foyer des Museums aufgestellt ist. Die Manufaktur produzierte die Karlsbüste in drei verschiedenen Größen. Ein kleines Exemplar ist in der Büstenvitrine der Sammlung Fürstenberger Porzellan ausgestellt. AW

Sechs Figuren aus der Commedia dell'Arte
Simon Feilner, Manufaktur Fürstenberg, 1753/54
Porzellan,
Höhe 19,5–21,5 cm
Inv. Nr. Für 1208, 7159, 7260, 7300, 7301, 7311

Von den 15 in der Porzellanmanufaktur Fürstenberg geschaffenen großen Figuren aus der italienischen Stegreifkommödie, der Commedia dell'Arte, sind sechs in der Sammlung des Herzog Anton Ulrich-Museums vertreten: Neben der abgebildeten Gruppe mit Harlekine, Bagolin und Capitano (von links) Columbine, Scaramuz und Scaramuze. Feilner, der 1753 von Höchst in die 1747 gegründete Manufaktur Fürstenberg überwechselte, modellierte die Figuren nach einer 1720 in Nürnberg erschienenen Kupferstichfolge. Seit 1775 wurden die großen Kommödianten von der Manufaktur auch in halber Größe angeboten. Von diesen kleinen Figuren sind ebenfalls einige Exemplare in der Schausammlung ausgestellt. AW

Die graphischen Sammlungen

Das Kupferstichkabinett wurde im Jahre 1754 mit dem Herzoglichen Kunst- und Naturalienkabinett im „Mosthof" d.h. der heutigen „Burg Dankwarderode" gegründet. Es entstand zunächst durch eine Zusammenführung mehrerer graphischer Sammlungen des Hauses Braunschweig-Lüneburg, darunter die umfangreiche Sammlung Herzog Ferdinand Albrechts I., und ist in der Folge durch systematische Ankäufe von Herzog Carl I. erweitert worden.

Durch die Schenkung der graphischen Sammlung von August Vasel 1910 und die Überführung der graphischen Sammlung der Herzog August Bibliothek von Wolfenbüttel nach Braunschweig 1928 erhielt das Kupferstichkabinett bedeutenden Zuwachs.

Heute werden im Braunschweiger Kupferstichkabinett über 10.000 Zeichnungen, über 1.000 illustrierte Prachtwerke des Barock und ca. 100.000 Blatt Druckgraphik von den Anfängen bis zur Gegenwart aufbewahrt.

Die folgenden Abteilungen sind nach Ländern und innerhalb der Länder alphabetisch nach Künstlern (Stechern, Zeichnern) geordnet:
Graphik und Zeichnungen bis 1800, Graphik und Zeichnungen des 19. Jahrhunderts, Graphik und Zeichnungen des 20. Jahrhunderts.

Außerdem werden folgende Sondersammlungen geführt:
Illustrierte Prachtwerke 15.-19. Jahrhundert, Bildnissammlung 16.-18. Jahrhundert, Topographische Sammlung (Städteansichten), Brunsvicensien (Braunschweigsammlung), Flugblattsammlung 16.-18. Jahrhundert, Karikaturensammlung 18.-19. Jahrhundert, Einblattdrucke des 15. Jahrhunderts, Spielkarten 16.-19. Jahrhundert, Inkunabeln der Lithographie, Dilettantengraphik, Mappenwerke 19.-20. Jahrhundert.

Besucher des Kupferstichkabinetts werden gebeten, sich bei der Information im Foyer des Museums zu melden und erhalten dann Einlaß in den Studienraum.
CvH

Einblattdruck, Anfang 15. Jahrhundert
Fahrendes Volk (Zigeunerfamilie)
Holzschnitt, koloriert,
Bl. 27,3 x 19 cm
Schreiber 1985

Die Erfindung der Druckerkunst durch Johannes Gutenberg vor 550 Jahren ist ohne ihre Vorläufer nicht zu denken: Holzschnitt und Kupferstich. Während die Entstehung des Holzschnitts bis in die Mitte des 14. Jahrhunderts zurückdatiert werden kann, sind die frühesten Kupferstiche nicht vor das Jahrzehnt zwischen 1430 und 1440 datierbar. Die älteste gedruckte Darstellung einer Zigeunerfamilie, Unicum in der Sammlung der „Einblattdrucke des 15. Jahrhunderts“, besitzt auch eine in Holz geschnittene Überschrift. Die wie eine Heilige Familie auf der Flucht nach Ägypten komponierte Darstellung gehört dem sogenannten „Weichen Stil“ an. CvH

Martin Schongauer
(um 1450-1491)
Christus in Gethsemane
Kupferstich,
Bl. 16,4 x 11,5 cm
Bartsch 9

Dürers großer Vorgänger, Martin Schongauer in Colmar, hat schon zu Lebzeiten europäischen Ruhm als Kupferstecher genossen. Seine Kupferstich-Passion umfaßt 12 Blätter und ist um 1475 entstanden. CvH

Albrecht Dürer (1471-1528)
Der verlorene Sohn
Kupferstich, Frühdruck,
Bl. 24,5 x 19 cm
Bartsch 28

Dürer setzt in dem „Verlorenen Sohn", Kupferstich von 1496, schongauerische Technik und eigene Beobachtung in einen spätgotischen Realismus um, der seinen frühen Ruhm begründet hat. Die so gut wie vollständige Dürer-Sammlung des Herzog Anton Ulrich-Museums ermöglicht ein tiefes Eindringen in das Werk Dürers, das an der Wende zur Neuzeit in Nürnberg entstanden ist. CvH

Albrecht Altdorfer
(vor 1480-1538)
Die Landschaft mit der Doppelfichte, vor 1520
Eisenradierung,
Pl. 11,3 x 16,3 cm
Inv. Nr. 290

Mit der Erfindung der Eisenradierung in Augsburg um 1510 wurde der Grund für die Entwicklung der Radiertechnik gelegt, die in Rembrandt ihren größten Meister fand. Altdorfers Landschaftsradierungen sind die ersten in der neuen Technik und Meisterwerke einer neuen Landschaftskunst im „Donaustil". CvH

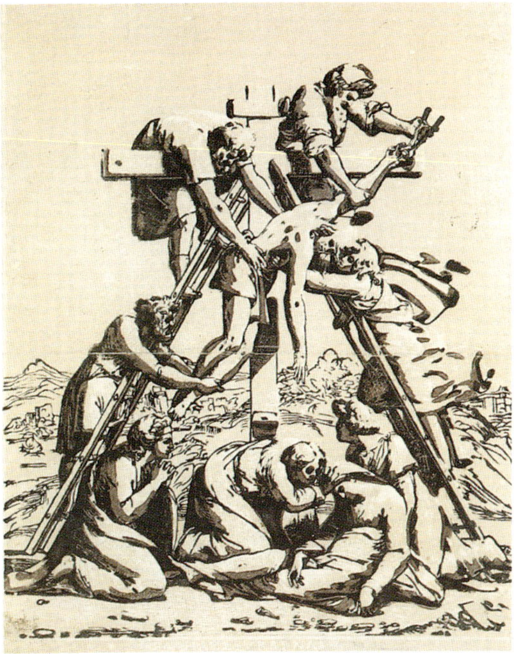

Ugo da Carpi
(um 1480-um 1530)
Die Kreuzabnahme,
nach Raphael
Farbholzschnitt von drei Stöcken, 35,3 x 28,2 cm
Bartsch S. 43 Nr. 22

Der Farbholzschnitt, von Hans Burgkmair (1473-1531) 1508 in Augsburg für Kaiser Maximilian zu einer ersten Blüte geführt, wurde von Ugo da Carpi in Rom für Raffael zum Claireobscure-Holzschnitt weiterentwickelt, mit dessen Hilfe Schattenstufungen farbig gedruckt werden konnten. CvH

Pieter Cornelisz, gen. Kunst
(um 1490-1560/61)
Der Bogenschütze, 1532
Federzeichnung,
20,5 x 17,5 cm
Inv. Nr. Z 990

Schwarze Steinkreide, Graphit- und Metallstifte, vor allem aber die Gänsefeder waren die bevorzugten Zeichenmittel seit dem Mittelalter. Die Zeichentechniken wandeln sich nur langsam und unter Einfluß großer Künstler wie hier Lucas van Leydens oder Dürers, Tizians und Rembrandts. Der Scheibenriß mit dem stehenden Landsknecht hoch über der Stadt am Fluß ist ein Beispiel für neue Funktionen und Themen der Zeichnung in der deutschen und niederländischen Renaissance.
CvH

Federico Barocci (1526-1612)
Der Hl. Franziskus in der Kapelle, 1581
Radierung,
Bl. 53,2 x 32,1 cm
Inv. Nr. V 2202

Kupferstich und Radierung sind als Reproduktionstechniken bis weit in das 19. Jahrhundert geschätzt und erst von der Photographie abgelöst worden. Federico Barocci, Maler in Urbino, hat hier den Stichel selbst geführt, um sein Altargemälde von 1576, ein Hauptwerk der frühen Barockmalerei, durch ein gestochenes „Andachtsbild" in weiten Kreisen bekanntzumachen.
CvH

Jacques Bellange
(vor 1594-nach 1617)
Die Heiligen Frauen am Grabe, um 1610
Radierung,
Pl. 44,8 x 29,3 cm
Robert-Dumesnil V, 9 II

Nach den Anfängen (vgl. Altdorfer) führt Jacques Bellange, Hofmaler in Nancy, die Radierkunst einem Höhepunkt zu, der sich durch Eleganz, Lichtsteigerung und Strichführung auszeichnet. Der aus Oberitalien abgeleitete Manierismus, erkennbar am Blickpunkt des Künstlers, weist auf die Kultur des französischen Rokoko voraus. CvH

Jacques de Gheyn II
(1565-1629)
Die Wahrsagerin, 1608
Aquarellierte Federzeichnung, 26,9 x 20,9 cm
Inv. Nr. Z 221

Die Kupferstecherkunst, die in dem Antwerpener Jacques de Gheyn einen ihrer großen Meister besitzt, verstand sich auch als selbständige Bildkunst, für die gezeichnete Vorlagen verlangt wurden, wie de Gheyns „Wahrsagerin“. Die aquarellierte Federzeichnung ist voll signiert und mit der Abkürzung „in.“ für invenit oder inventor für die Erfindung versehen, die der Stecher aufzunehmen hatte. CvH

Daniel Chodowiecki
(1726-1801)
Illustrationen zu Lessings Lustspiel „Minna von Barnhelm", 1770
Radierungen für ein Taschenbuch,
je Bl. 9,5 x 5,5 cm
Engelmann 51 II

Das Ausklingen des Rokoko im „Zopf"-Stil der Aufklärung läßt sich leicht an den Kalender-Illustrationen Chodowieckis ablesen, deren erste die zu Lessings Lustspiel waren, das 1767 in Hamburg uraufgeführt worden war. CvH

Francisco Goya y Lucientes
(1746-1828)
Selbstbildnis, Bl. 1 der Caprichos, 1. Ausg. 1799
Radierung und Aquatinta,
Pl. 21,5 x 15 cm
Inv. Nr. ZL. 81/5787

Goya hat sein Selbstbildnis als Titelblatt zu den 1799 in Madrid erschienenen „Caprichos" radiert, eine Folge von 80 Radierungen. Goyas vier graphische Folgen, seit kurzem auch im Braunschweiger Kupferstichkabinett vollständig in jeweils ersten Auflagen zu besichtigen, gehören zum Mächtigsten der graphischen Künste der frühen Neuzeit. CvH

Karl Blechen (1798-1840)
Skizzenbuchblatt, Villa Borghese, Rom 9. Januar 1829
Bleistiftzeichnung,
9,2 x 13,2 cm
Inv. Nr. ZL. 81/5811

Die Bedeutung Roms für die Künstler und für die Künste stand zu allen Zeiten außer Frage. Für Blechen wurde die Italienreise 1828/29 zu einem existentiellen Erlebnis des Lichtes, das in seinen freien Skizzen in der Natur besonders wirksam ist. CvH

François Daubigny (1817-1878)
Le Gué (Die Furt), 1862
Glasradierung (cliché verre)
Inv. Nr. ZL. V 5042

Die Landschaftskunst der Schule von Barbizon setzte in Frankreich einen neuen Maßstab für die Erforschung der Landschaft mit dem Pinsel, ihrer Stimmungen und immanenten Werte. Die Versuche von Daubigny und Corot, sich die neue Technik der Photographie im Sinne der Radiertechnik zu nutze zu machen, haben erst um 1980 in Chicago zu dem Versuch einer Wiederbelebung der Technik geführt. CvH

Paul Klee (1879-1940)
Der Bahnhof, 1911
Kaltnadelradierung,
Pl. 14,9 x 19,8 cm
Inv. Nr. ZL. V 5467

Paul Klee hat die Kunst des 20. Jahrhunderts in eine ganz neue Richtung geführt, deren nichtgegenständlicher Charakter immer noch zu wenig Verständnis findet. In der frühen Kaltnadelradierung „Bahnhof“ deutet sich im Gegenstand wie in der Strichführung die späte Meisterschaft Klees bereits an. CvH

Walter Dexel (1880-1973)
Sternenbrücke, 1919
Druckstock, 26,7 x 19,8 cm
und Holzschnitt,
26,8 x 19,9 cm
Inv. Nr. ZL. 80/5715 und
Inv. Nr. ZL. V 5100

Der von Gauguin über Munch zum deutschen expressionistischen Holzschnitt führende Weg der Erneuerung dieser alten Technik wird von Dexel im Sinne eines kubistischen Konstruktivismus aufgenommen. Holzschnitt und Druckstock zeigen, wie alle graphische Kunst mit dem Problem der Seitenverkehrung beim Druck rechnen muß. CvH

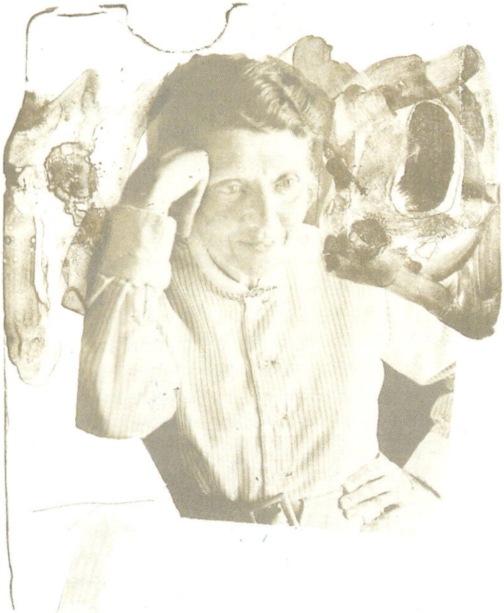

Robert Rauschenberg (1925),
Tanya (Tatyana Grosman),
1974
Lithographie,
56,5 x 38,5 cm
Inv. Nr. ZL. 82/5907

Mit der Bildnislithographie „Tanya" hat der amerikanische Pop-Künstler Robert Rauschenberg Tatyana Grosman (gest. 1982) ein feinsinniges Denkmal gesetzt. Die Dargestellte, eine Emigrantin, hat den hohen Standard der Lithographie in Amerika im und nach dem Zweiten Weltkrieg besonders durch ihren 1956 gegründeten Graphik-Verlag ULAE gefördert. CvH

Burg Dankwarderode

Am Ort einer brunonischen Befestigung des 10. Jahrhunderts auf einer natürlichen Anhöhe, die noch bis ins 19. Jahrhundert hinein an der Ostseite von der Oker umflossen wurde (der Burggraben ist noch angedeutet sichtbar), ließ Heinrich der Löwe zwischen etwa 1160 und 1175 seine Pfalz errichten. Dabei wurde der gesamte Pfalzbezirk (der heutige Burgplatz) nach imperialen Maßstäben neu gestaltet: 1166 wurde der Bronzelöwe als Gerichts- und Herrschaftsmal errichtet. 1173 erfolgte – nach dem Abriß einer Vorgängerkirche von ca. 1030 – die Grundsteinlegung zur Stiftskirche St. Blasius. In offenbar bewußter Konkurrenz zu den Königspfalzen, besonders der Pfalz in Goslar, wofür auch die Verbindung von Kollegiatsstiftskirche und Herrschaftssitz spricht, entstand ein doppelgeschossiger Palas mit im Süden anschließender, sicherlich ebenfalls doppelgeschossiger Burgkapelle. Das flach gedeckte Erdgeschoß, das durch mittlere Pfeilerarkaden – die Pfeiler ähnlich denen des Domes mit Kantensäulchen – in zwei Schiffe gegliedert wurde, war –

wie in Goslar – durch eine Hypokaustenanlage heizbar. Die Gestalt des Saales im Obergeschoß ist bis auf die Fenstergliederung der Ostwand, an der sich Bi- und Triforien abwechseln, nicht gesichert. Die heutigen zwei türartigen großen Öffnungen beruhen vermutlich auf einem Mißverständnis.

Die Burg wurde im 13. Jahrhundert als fester herzoglicher Wohnsitz aufgegeben, diente jedoch bis Ende des 18. Jahrhunderts zeitweise als Unterkunft der herzoglichen Familie; 1754-1763 wurde in einigen Räumen das „Kunst- und Naturalien-Cabinet“ aus dem das heutige Herzog Anton Ulrich-Museum erwuchs, eingerichtet. Bedingt durch Brände, Verfall und nachfolgende Um- und Erneuerungsbauten war von dem romanischen Ursprungsbau nichts mehr zu erkennen, als die mittlerweile zur Kaserne umfunktionierte Burg 1873 ausbrannte. Die Ruinen sollten darauf dem Straßenbau weichen, was nicht zuletzt auf Betreiben des damaligen Museumsdirektors Hermann Riegel verhindert wurde, der auf die durch die Zerstörung sichtbar gewordenen romanischen Bauteile aufmerksam machte. Nach intensiven Bauuntersuchungen beschloß Prinz Albrecht von Preußen als Braunschweiger Regent 1886 den Wiederaufbau der Burg Heinrichs des Löwen nach der Rekonstruktion des Stadtbaumeisters Ludwig Winter (1843-1930). Winter versuchte auch eine wissenschaftlich vertretbare Rekonstruktion und errichtete den zweigeschossigen Palas in den mittelalterlichen Maßen (15 x 42 m) mit je einem Saal in jedem Stockwerk, im Erdgeschoß dem „Knappensaal“ und im Obergeschoß dem „Rittersaal“, den er als Festsaal gestaltete und den der Hofdekorationsmaler Adolph Quensen prachtvoll ausmalte. Die Rekonstruktion erfolgte nach totalem Abriß der originalen Bausubstanz.

Der Knappensaal dient seit 1963 als Ausstellungsraum für die Abteilung mittelalterlicher Kunst des Herzog Anton Ulrich-Museums, das damit eine Tradition wieder aufnimmt, die Herzog Carl mit der Einrichtung des „Kunst- und Naturalien-Cabinets“ 1754-1763 im damaligen „Mosthaus“ begründet hat. Es führt damit zugleich eine Reihe mittelalterlicher Reliquiare und Kunstwerke in den Burgbezirk zurück, die dort – in St. Blasius – jahrhundertelang aufbewahrt und als Stiftungen der Brunonen und Welfen für diese Siftskirche geschaffen wurden. Seit 1989 ist hier auch das Original des Burglöwen aufgestellt, weil dieses nach der aufwendigen Restaurierung aufgrund der Luftverschmutzung nicht mehr im Freiraum aufgestellt werden kann. RW

Runenkästchen, 2. Hälfte 8. Jahrhundert
Walroßzahn,
12,6 x 6,8 x 12,6 cm
Inv. Nr. MA 58

Das in Form eines Hauses mit Walmdach gearbeitete Reliquiar ist in rechteckige Felder aufgeteilt, die Flechtbandornamente und Phantasietiere flächendeckend füllen. Die stabilisierende neuere Bronzemontierung wiederholt wohl einen ursprünglichen Rahmen, wobei die Wiederholung jedoch die Runeninschrift mit einer Heiligenanrufung, die das Bodenfeld umläuft, verfälscht hat. Die germanische Runenschrift fand auch nach der Christianisierung in Skandinavien und in England in kirchlichem Gebrauch weiterhin Verwendung. In England, vielleicht für die Kirche von Ely, wird dieses Kästchen auch entstanden sein. JL

Elfenbeinkästchen, um 875
Elfenbein, 22 x 11 x 15 cm
Inv. Nr. MA 59

Dieses hausförmige, in Lothringen gefertigte Kästchen gehörte ursprünglich, wie dasjenige des 8. Jahrhunderts, zum Bestand des Stiftes Gandersheim. Es besaß jedoch eine liturgische Funktion, als Behältnis für die Eucharistie oder das Salböl zu Taufe und Firmung. Diese Vermutung findet ihre Begründung durch die Hervorhebung der Taufe Christi als Hauptszene, mit der auch die Szenen des Kreuzestodes, der Verkündigung und der Geburt verbunden werden können. Die auf die jeweiligen Darstellungen bezogenen Dachschrägen der Längsseiten bezeugen das Eingreifen Gottes in das Heilsgeschehen, mit der zwei Gefäße tragenden Taube des Heiligen Geistes und mit dem Siegerkranz des Märtyrers. JL

Armreliquiar des Heiligen Blasius, um 1040
Filigran, Halbedelsteine, Kamee, Goldblech auf Holzkern, nachträglich seit dem Ende des 11. Jahrhunderts zugefügte Ringe,
Höhe 51,3 cm
Inv. Nr. MA 60

Der Blasiusarm ist das einzige der Stücke des Welfenschatzes, das 1671 nach der Eroberung Braunschweigs in der Stadt verbleiben durfte. Es gilt als frühestes deutsches Armreliquiar. Die unter dem Fuß befindliche Inschrift bezeichnet den Inhalt, einen Arm des heiligen Märtyrerbischofs Blasius, und nennt die Stifterin, die Gräfin Gertrud (+ 1077), Gemahlin des Grafen Liudolf und Stifterin weiterer im Welfenschatz überlieferter Gegenstände (heute in Cleveland/USA). JL

Schrifttafel und Reichsapfel Kaiser Lothars, um 1137
Blei, 20, 3 x 18,9 cm (Tafel), Höhe 8 cm (Reichsapfel)
Inv. Nr. MA 64, 65

Diese Beigaben wurden 1620 der Begräbnisstätte des deutschen Kaisers Lothar (+ 1137) in der Stiftskirche Königslutter entnommen. Die Inschrifttafel verzeichnet das Sterbedatum und die Umstände des Ablebens des Herrschers. Zeitgenossen verstanden die Tafel als Sicherheit für die Überlieferung der Taten Lothars für die Nachwelt. Der Reichsapfel diente dem Zweck, als Würdezeugnis den Toten ins Grab zu begleiten. Weitere Stücke vom gleichen Fundort bewahrt das Braunschweigische Landesmuseum. JL

Kaisermantel Ottos IV.,
Anfang 13. Jahrhundert
Purpurseide mit Goldstickerei, 140 x 308 cm
Inv. Nr. MA 1

Der 1858 im Collegium Carolinum wiederaufgefundene Mantel ist wohl derjenige, den Kaiser Otto IV. in seinem Testament 1218 der Kirche St. Ägidien geschenkt hat. In späterer Zeit beschnitten, erhielt er jedoch in neueren Restaurierungen seinen ursprünglichen Umriß wieder. Die Stickereien zeigen Christus und Maria sowie weihräuchernde Engel an den Seitenkanten, Adler auf der Rückenseite und zudem verstreut Löwen, das Wappentier der Welfen. Gefertigt wurde der Mantel in der Technik des „opus anglicanum", bei der auf einem Seidenstoff Gold- mit Leinenfäden festgelegt werden. JL

Evangeliar, um 1160/80 (Handschrift) und um 1200 (Deckel)
Halbedelsteine, Perlen, Filigran, Walroßzahn,
30,7 x 21 cm (Deckel)
Inv. Nr. MA 55

Der Codex, der wie der folgende aus dem Benediktinerkloster St. Ägidien in Braunschweig stammt, enthält mehrere Miniaturen, die Helmarshausener und Hildesheimer Stilelemente vereinigen. Auch die Gestaltung des Deckels beruht auf Helmarshausener Voraussetzungen. Jedoch ist der Entstehungsort bisher ungeklärt. Die prunkvolle Randeinfassung umgibt fünf Walroßzahnreliefs mit Christus, Petrus und Paulus in der Mitte sowie mit Szenen zum Leben Christi (die Heiligen Drei Könige vor Christus, Maria und die Marien am Grabe). JL

Cyriacusbüste,
2. Viertel 13. Jahrhundert
Halbedelsteine und teilvergoldetes Silberblech auf Holzkern, Höhe 31,5 cm
Inv. Nr. MA 61

Die Reliquienbüste des Märtyrerbischofs Cyriacus stammt ursprünglich aus dem vor den Toren Braunschweigs gelegenen gleichnamigen Stift und wurde seit 1545 im Dom aufbewahrt. Der Gewandstil der mit Silberblech beschlagenen Figur läßt eine Entstehung im niederdeutschen Raum um 1225/1250 vermuten. Eine Zutat des 16. Jahrhunderts ist die Schrägborte auf der Brust. Zu dem Reliquiar gehört ein mittelalterlicher Flitterkranz, der volkstümliche Verehrung belegt. JL

Evangelistar, um 1250
Pergament,
ca. 30,9 x 22 cm (Handschrift)
Inv. Nr. MA 56

Die Handschrift enthält die für den Ablauf des Kirchenjahres notwendigen Lesungen aus den Evangelien. Sie wird von vier ganzseitigen Bildern geschmückt, die aus stilistischen Gründen eine Herstellung des Codex um 1250, vielleicht in Braunschweig, nahelegen. Die Zackenbildung der Gewänder erscheint soweit fortgeschritten, daß sie sich vom Körper löst. Als äußere Hülle dient ebenfalls ein Prachteinband mit einer thronenden Christusfigur im Treibrelief. JL

Achatpokal,
1. Hälfte 14. Jahrhundert
Silber vergoldet, Email,
Achatschale, Höhe 17 cm
Inv. Nr. MA 229

Der schlanke Pokal, ein zu profanen Zwecken angefertigtes Gefäß, von dem nur der untere Teil erhalten ist, läßt sich zwar recht gut in die erste Hälfte des 14. Jahrhunderts datieren, doch aufgrund der in verschiedenen Orten Europas noch vorhandenen gleichartigen Stücke nur schwer lokalisieren. Seine durch Emails bereicherte Erscheinung findet Parallelen bei Stücken in Florenz und Cividale gleichermaßen wie in Regensburg. Eine Besonderheit bildet die Kuppa, die aus Achat hergestellt ist, einem Halbedelstein, dem im Mittelalter magische Kräfte zugeschrieben wurden. Unter Berücksichtigung der internationalen Beziehungen im Böhmen Kaiser Karls IV. und wegen der dort häufig vorkommenden Verarbeitung von Halbedelsteinen erscheint eine Produktion des Pokals in Böhmen bedenkenswert. JL

Spanschachtel,
1. Hälfte 14. Jahrhundert
Tannenholz mit Bemalung,
11 x 20 x 29 cm
Inv. Nr. MA 312

Die ovale Schachtel war ursprünglich zur Aufbewahrung von Tüchern oder Devotionalien vorgesehen. Derartige Behältnisse wurden in Thüringen angefertigt; die Bemalung unseres Stückes erfolgte in Nürnberg. Auf dem Deckel ist die Einsetzung des Abendmahls durch Christus geschildert und durch einen umlaufenden Text aus dem Matthäus-Evangelium erläutert. Die Wandung der Schachtel schmücken von floralen Motiven eingefaßte Vögel, die wiederum von moralisch-didaktisch zu verstehenden Sprüchen umrankt werden. JL

Prunksattel, um 1400
Elfenbein, Holz und Leder,
Länge 55,5 cm
Inv. Nr. MA 111

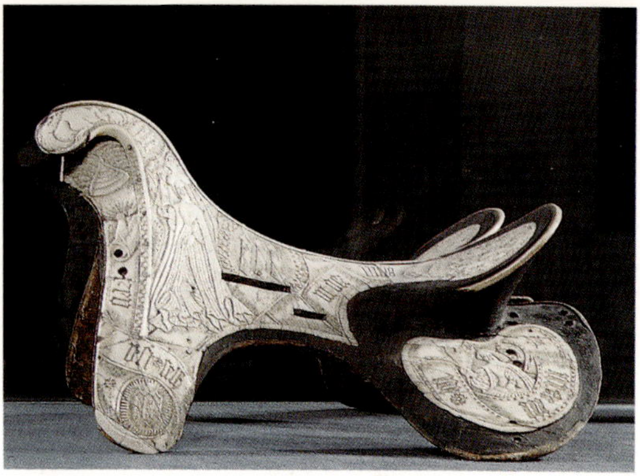

Der Sattel entstammt der Bevernschen Kunstkammer des Braunschweiger Herzogs Ferdinand Albrecht I., wo er schon in einem vor 1683 geschriebenen Verzeichnis dokumentiert ist. Sicherlich entstand er in einem mittelalterlichen höfischen Umkreis. Darauf verweisen die Elfenbeinschnitzereien, die modisch gekleideten Frauengestalten, die spielerisch wirkenden Buchstabenkombinationen von „m" und „u" und das Spruchband „treu yst selt in der weld". Als Herkunftsregion des Sattels, wie auch der etwa zwanzig erhaltenen weiteren Exemplare seiner Gattung, kommt Norditalien, Tirol oder Ungarn in Frage. JL

Passionstafel, Niederrhein(?), um 1420
Eichenholz,
24,9 x 71,4 cm
Inv. Nr. 7

Fünf Szenen der Passion Christi sind nebeneinander auf einer querrechteckigen Tafel angeordnet. Die in einem Rechteckkasten eingefügte Kreuzigung wird begleitet von den Stationen Geißelung, Kreuztragung, Grablegung und Auferstehung, die von spitzbogigen Arkaden gerahmt werden. Thema und Format bieten Indizien für eine Deutung der Tafel als Predella, den Unterbau eines Altarretabels. Da eine Predella in der kölnischen Kunst ungewöhnlich ist, der Tafel jedoch kölnische Stilbindungen nachgesagt werden, ist für ihre Herstellung vielleicht der geographische Umkreis (Niederrhein ?) in Betracht zu ziehen. JL

Meister des Hildesheimer Lambertialtares
Fußwaschung der Jünger durch Christus, Szene von der Innenseite des linken Flügels des Altarretabels der Lambertikirche in Hildesheim, um 1420
Eichenholz,
ca. 64,5 cm x 59,5 cm
Inv. Nr. 8b

Die Tafel gehört wie drei ebenfalls noch im Museum befindliche Gemälde zu einem der wenigen in Niedersachsen überlieferten gemalten großen Altäre des Spätmittelalters. Sein künstlerisches Umfeld wird durch Lübecker, Lüneburger und Soester Werke umschrieben. Der Mittelteil mit fünf Begebenheiten aus der Passion Christi von der Verurteilung durch Pilatus bis zur Grablegung befindet sich noch in der Hildesheimer Lambertikirche. Weitere Szenen der beiden Flügel – die Außenseiten waren dem Leben Petri und Pauli gewidmet – sind auf sechs Sammlungen verteilt. Das Retabel war wohl für einen Altar der beiden Apostelfürsten bestimmt. JL

Meister des Braunschweiger Diptychons
Anna Selbdritt mit Stifter und Hl. Barbara, um 1490
Eichenholz, 2x 35 x 23 cm
Inv. Nr. 13

Über zwei Flügel hinweg wird ein einheitlicher Bildraum gezeigt. In einem von Mauern und Häusern begrenzten Garten, einem überirdischen Paradiesgärtlein, sitzen andächtig die Mutter Anna und Maria mit dem Christuskind auf ihrem Schoß. Ihnen wird durch die Heilige Barbara der kniende Stifter empfohlen. Sein weißes Gewand kennzeichnet ihn als „Witten Heren" des Haarlemer St. Anthoniesklosters. Die enge Beziehung zu Haarlem verdeutlicht auch der Stil der Gemälde, die im Umkreis des in dieser holländischen Stadt tätigen Malers Geertgen tot Sint Jans gefertigt wurden. Die Außenseite des Diptychons schmückt die Figur des Heiligen Bavo, des Patrons der Haarlemer Hauptkirche. JL

Kasel, 2. Hälfte 14. Jh. und 1. Viertel 16. Jh.
Goldbrokat, Perlstickerei, Rückenlänge 133 cm
Inv. Nr. MA 23

Das mittelalterliche Meßgewand gehört zum Textilienfund aus der Braunschweiger Martinikirche, der 1836 in das Museum gelangte. Auf italienischem (Luccheser) Goldbrokat der 2. Hälfte des 14. Jahrhunderts wurde im 1. Viertel des 16. Jahrhunderts ein Kaselkreuz aufgesetzt. Ein Teil der plastischen Christusfigur wurde dabei in Perlstickerei gefertigt. JL

Braunschweiger Meister, um 1505
Schaustellung Christi (Ecce homo) vom Altar des Braunschweiger Domes
Eichenholz, 174 x 174 cm
(Flügel je 174 x 85 cm)
Inv. Nr. 33

Das mächtige Altarretabel stand ehemals im Dom als Aufsatz des Fronleichnamaltars. Gestiftet haben es drei Geistliche aus der Familie von Salder, die zusammen mit ihrem Wappen unter Maria in der Gloriole auf dem linken Innenflügel erscheinen. An die Bestimmung des Altares zum Gedächtnis an das Opfer des Leibes Christi erinnern die Szenen der Gregorsmesse rechts innen und der Vorführung des Herrn in der Mitte. Hier wird Christus dem Volk vor einer reichen mittelalterlichen Stadtkulisse zur Schau gestellt. Die Außenseiten der Flügel verweisen mit der Legende von der Einhornjagd auf die Menschwerdung Christi. JL

Brakteat Heinrichs des Löwen (1129-1195)
Brakteat auf die Errichtung des Löwendenkmals, 1166
Silber; Durchmesser ca. 29 mm; 0,888 g
Inv. Nr. Mün 221/12

Die Münzsammlung des Herzoglichen Museums von 1754 – damals „Cabinet des Medailles" genannt –, die u.a. über einen bedeutenden Antikenbestand verfügte, ist seit den Napoleonischen Kriegen verschollen. Die heute wieder bestehende Universalsammlung von ca. 30000 Stück verdankt ihren Bestand mehreren herzoglichen Schenkungen sowie systematischen Erwerbungen vor allem im 19. und frühen 20. Jahrhundert. Der Schwerpunkt der Sammlung liegt heute im Bereich mittelalterlicher Brakteaten und Medaillen der Welfen. Der hier gezeigte Brakteat der Münzstätte Braunschweig stammt aus dem Münzfund von Mödesse I, der 1890 zutage kam. Er wird in Zusammenhang mit der Errichtung des Löwendenkmals auf dem Braunschweiger Burgplatz durch Heinrich den Löwen 1166 gesehen und zeigt unter Burgtürmen einen stehenden Löwen auf einem Sockel. Heinrich der Löwe, der alle Kunstgattungen für sich und die Mehrung seines Ruhmes zu nutzen wußte, legte nach Ausweis der von ihm geprägten Münzen auch größten Wert auf die künstlerische Gestaltung dieser Gepräge. Seine Brakteaten und die seiner Nachfolger gehören künstlerisch und heraldisch zum Besten, was auf diesem Gebiet geleistet wurde. RW

Heinrich Rappost (gest. 1616)
Froschmedaille für Herzog Heinrich Julius von Braunschweig Lüneburg, 1612
Silber;
Durchmesser 57,7 mm;
110 g
Inv. Nr. Mün 10.447

Frösche starren auf eine am Ufer eines Tümpels brennende Öllampe; die lateinische Umschrift – pellit mendacia vervm – erläutert: Die Wahrheit vertreibt die Lügen. Die Medaille, deren Rückseite das Wappen des Herzogs zeigt, gehört zu einer Reihe von Propagandamedaillen, die Heinrich Julius (1564–1613) seit ca. 1610 von einem der besten Medailleure seiner Zeit in Deutschland hat anfertigen lassen. Sie richtet sich wahrscheinlich gegen die Stadt Braunschweig, die seit Jahren dem Herzog und Chef des Geheimen Rates Kaiser Rudolfs II. die Huldigung verweigerte. Heinrich Julius und sein Sohn und Nachfolger Friedrich Ulrich (1591-1635) betrieben zeitweise intensiv Propaganda mit Medaillen, die sie von Heinrich Rappost oder Hans von der Pütt (1590/91-1653) gestalten ließen. RW

Heinrich Peter Groskurt (1675-1751)
Medaille auf den 75. Geburtstag Herzog Anton Ulrichs von Braunschweig Lüneburg, 1708
Silber, geprägt;
Durchmesser 58 mm; 87 g
Inv. Nr. Med 68

Zum 75. Geburtstag des Herzogs am 4. Oktober 1708 ließ der Rat der Stadt Braunschweig eine Medaille mit dem geharnischten Porträt Anton Ulrichs auf der Vorderseite und der an einem Brandaltar opfernden Brunonia mit Füllhorn auf der Rückseite prägen. Diese ist eine Neuschöpfung des Medailleurs Groskurt für diese Medaille. Dagegen griff man für die Vorderseite auf den Stempel der Medaille zur Einweihung des Schlosses Salzdahlum von 1694 zurück, die derselbe, in Berlin und Dresden arbeitende Künstler für Anton Ulrich geschaffen hatte. RW

Robert Diez (1844-1922) und **Wilhelm Kullrich** (1821-1887)
Medaille auf das 50jährige Regierungsjubiläum Herzog Wilhelms von Braunschweig-Lüneburg, 1881
Kupfer, geprägt; Durchmesser 60 mm; 110, 42 g
Inv. Nr. Mün 691 b

Zum 50. Regierungsjubiläum des 1831 nach der Flucht seines älteren Bruders Carl zur Regentschaft gelangten Herzogs Wilhelm (1806-1884) beauftragte das Land Braunschweig den Dresdener Bildhauer Robert Diez mit dem Entwurf einer repräsentativen Medaille. Der Künstler war in Braunschweig gerade mit der Fertigstellung des Sieges-Denkmals beschäftigt. Seine Medaille zeigt auf der Vorderseite das Brustbild des uniformierten Herzogs im Profil nach links. Die Rückseite stellt Brunonia mit einem Lorbeerkranz in der erhobenen Rechten dar, flankiert von einem sitzenden Löwen, dem Braunschweigischen Wappentier, und dem Wappenschild mit dem Welfenroß. Die Medaille in stark erhabenem Relief, deren Prägestempel der Berliner Wilhelm Kullrich, Königlicher Medailleur und der Beste seines Faches in Deutschland, geschnitten hat, ist ein Meisterwerk der norddeutschen Kleinplastik des 2. Kaiserreiches. Mit der Prägung war die Königliche Münze in Berlin beauftragt. RW

Ludwig Gies (1887-1966)
Vertrieben, 1915
Bronzeplakette, gegossen; 81 x 98 mm
Inv. Nr. Mün 9189

Die Erneuerung der Medaillenkunst im 19. Jahrhundert ging von französischen Künstlern wie Hubert Ponscarme und Jules Clément Chaplain aus. Ihr Verständnis der Medaille und Plakette als Relief, als Werk der Kleinplastik fand Aufnahme auch in der deutschen Kunst und wurde theoretisch begründet vor allem von dem Direktor der Hamburger Kunsthalle, Alfred Lichtwark. Etwa seit 1900 erwarb auch das Herzogliche Museum Braunschweig in Lichtwarks Nachfolge moderne Künstlermedaillen, die wir heute nicht ganz korrekt unter dem Begriff „Jugendstilmedaillen" fassen. Systematisch wurde eine Sammlung französischer, österreichischer und deutscher Medaillen aufgebaut, die wichtigsten Künstler wurden mit charakteristischen Werken dokumentiert. Gegen die französische – impressionistische – Raffinesse in der Oberflächenbehandlung, die zahlreiche und aufwendige Ätz-, Sandstrahl- und Poliervorgänge kannte, setzten v.a. deutsche Künstler bald eine Erneuerung der plastisch modellierten Gußmedaille.

Als vielversprechender Vertreter dieser „deutschen" Kunst in der Nachfolge Lukas von Hildebrands und Benno Elkans wurde der junge Ludwig Gies angesehen. Die vorliegende Plakette wurde zusammen mit zwei anderen Plaketten von Gies im Revolutionsjahr 1918 erworben. Gies, der später den Adler im Plenarsaal des Deutschen Bundestages gestaltete, zählt zu den bedeutendsten Medaillenkünstlern des 20. Jahrhunderts. RW

Konservieren und Restaurieren

Das Herzog Anton Ulrich-Museum verfügt über zwei Restaurierungsateliers mit den Schwerpunkten „Gemälde“ und „Textilien“.

Gemälde

Die Gemäldeabteilung des Herzog Anton Ulrich-Museums kann im Vergleich zu den anderen Sammlungsbereichen auf die längste und kontinuierlichste Restaurierungsgeschichte und Betreuung zurückblicken. Für die Herzöge war die – für damalige Zeiten – fachmännische Betreuung ihrer Gemälde selbstverständlich. So vorteilhaft dies auf der einen Seite erscheinen mag, so problematisch gestaltet es sich vielfach aufgrund eines gewandelten Bewußtseins sowie unterschiedlicher Materialien für den heutigen Restaurator. Da es den eigenständigen Beruf nicht gab, hatten Galerieinspektoren, die meistens selber Maler waren, die Funktion der Gemäldepfleger. Erst im 19. Jahrhundert wurden Restauratoren anderer großer Sammlungen an der Pflege der Braunschweiger Bilder beteiligt, bis 1950 eine eigene Stelle am Museum eingerichtet werden konnte. Zum heutigen Zeitpunkt sind zwei angestellte Restauratoren und zwei Praktikanten für den Sammlungserhalt zuständig.

Das Erhalten, d.h. das Konservieren von originaler Substanz, stellt die Hauptaufgabe der Restauratoren dar. Die sehr bewegte Sammlungsgeschichte hat, z.B. durch Kriegsauslagerungen und natürliche Alterung der Materialien, ablesbare Schäden auf den Gemälden hinterlassen, die für das unwiederbringliche Original Gefährdungen bzw. Verluste bedeuten. Da sich die Alterung nicht aufhalten, aber entscheidend hinauszögern läßt, ist heute mehr denn je die Auseinandersetzung mit den äußeren Einflüssen wie Licht, Temperatur, Luftfeuchtigkeit und -verschmutzung gefordert. Sonderausstellungen, deren Auf- und Abbau fremder Leihgaben der Betreuung der Restauratoren unterliegt, bringen zusätzliche Verantwortung zu den regulären Aufgaben in der ständigen Ausstellung und den Depots.

Vor der Konservierung oder Restaurierung eines Gemäldes stehen den Restauratoren zur Materialüberprüfung, Erstellung des Schadensbefundes und Konzeptfindung neben dem Mikroskop die Untersuchungsmöglichkeiten mit UV, Infrarot und Röntgen zur Verfügung. Bei Ankäufen oder Gemäldebegutachtungen werden diese technischen Möglichkeiten ebenfalls einbezogen, da sie entscheidende Gesichtspunkte über den Erhalt der Originalsubstanz liefern können.

Die Untersuchungsergebnisse, der technische Befund, der Schadensbefund und die Konservierungs-/Restaurierungsmaßnahmen werden umfangreich dokumentiert. Jede ausgeführte Maßnahme stellt einen Eingriff in das Gemälde dar. Auch diejenige, die zum Erhalt beitragen soll, führt gleichzeitig und zwangsläufig zur Veränderung des Materialgefüges.

Die Praktikanten, deren Mithilfe entscheidend zur Museumsarbeit beiträgt, dürfen hier nicht unerwähnt bleiben. Sie erhalten eine Ausbildung, die sie zum Studium der Restaurierung an den Fachhochschulen Stuttgart oder Köln befähigen sollte. Das Herzog Anton Ulrich-Museum leistet damit seinen Beitrag zu einer qualifizierten Restauratorenausbildung, deren gesetzliche Regelung, wie das Berufsbild des Restaurators überhaupt, immer noch aussteht. HK

Textilien

Das Herzog Anton Ulrich-Museum besitzt eine bedeutende Sammlung mittelalterlicher Paramente und Seidenstoffe sowie die 1941 angekaufte, ausgesprochen wertvolle Spitzensammlung der Helene Brockhaus-Vieweg. Aus diesen Gründen wurde 1985 in der Burg Dankwarderode ein nach modernen Gesichtspunkten eingerichtetes Atelier für Textilrestaurierung eingerichtet.

Für Analysezwecke, Reinigung, Färberei und Dokumentation stehen alle notwendigen Geräte zur Verfügung, so daß die Erarbeitung fundierter Restaurierungskonzepte und ihre Durchführung gewährleistet sind. Ausgeführt werden diese Arbeiten von einer Textilrestauratorin und einer Volontärin, die sich innerhalb dreier Jahre auf ihr Studium der Textilrestaurierung an der Fachhochschule in Köln vorbereitet.